nanahoshiの
大人かわいい

花
おりがみ

たかはしなな

美しい花モチーフ27 |
雑貨アイデア18

主婦の友社

主婦の友社

Part **1** で紹介する花おりがみを、

秋
autumn

季節ごとのリースにしてみました。

winter

冬

はじめに

こんにちは。
ペーパークラフト作家＆イラストレーターのたかはしななです。
『nanahoshi の大人かわいい花おりがみ』を手にとっていただき、
ありがとうございます。

今回テーマにしたのは「花」です。
私はお花が好きで、暮らしの中にお花があるのが当たり前になっています。

うれしいとき、悲しいとき。出会いのとき、別れのとき。
飾ったり、贈ったり、愛でたり……。
お花はいつも心に寄り添ってくれます。
また、季節ごとに美しい姿を見せてくれるお花は、
心に潤いをもたらしてくれます。

そんなふうに心を豊かにし、幸せな気持ちにしてくれるお花を
おりがみでかたちにしてみました。
季節の折々や、行事やイベントのときなどに合わせて
花おりがみを作ってみませんか?

今回、それぞれのお花がもつ花言葉も紹介しています。
「門出」「友情」「感謝」「成功」「愛」……。
花言葉に合わせて1章の作品を選び、2章も参考に
プレゼントかざりにしたり、カードやブーケ、小物に
アレンジしたりなどすれば、贈る楽しみも、
もらう喜びもふくらむと思います。

本書の作品が、みなさんの暮らしや心を
豊かにする一助になりますとうれしいです。

　　　　　　　　　　　　　　　　たかはしなな

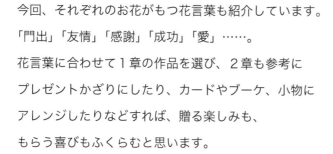

contents

▶は、折り方の動画
が見られるものです。

Part 1 季節の花モチーフのおりがみ

Part 2 花おりがみの雑貨アイデア

基本の折り方と記号

基本の折り方や記号のルールを、例とともにまとめました。

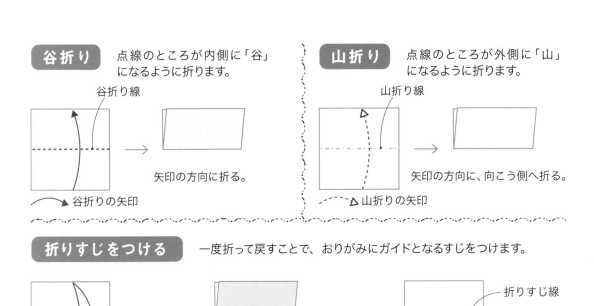

谷折り 点線のところが内側に「谷」になるように折ります。

谷折り線

矢印の方向に折る。

谷折りの矢印

山折り 点線のところが外側に「山」になるように折ります。

山折り線

矢印の方向に、向こう側へ折る。

山折りの矢印

折りすじをつける 一度折って戻すことで、おりがみにガイドとなるすじをつけます。

折ってから戻す矢印。

点線のところで折ったあと、戻す。

折りすじ線

折ったところにすじがついた状態。

段折り 谷折り・山折りを隣り合わせで行い、折りあがりが段になる折り方です。

段折りの矢印。

はじめに谷折り線で折ってから、点線のところで折り返す。

段のように折った状態。

じゃばら折り 同じ幅で谷折り・山折りをくり返し、折りあがりがビヨーンと伸び縮みする折り方です。

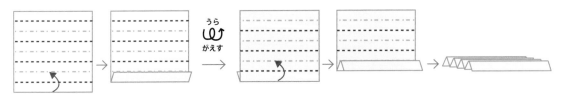

谷折り線・山折り線が等間隔で交互に並んだ図。

下側の谷折り線で折る。

うらがえす

裏返して、同じ幅で谷折りする。

折った状態。

これらをくり返し、じゃばら折りした状態。

開いて折りつぶす

→のあたりから立体的にふくらませて、矢印（→）の始点と終点を合わせて平らに折りつぶします。

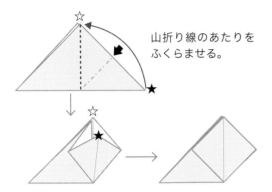

山折り線のあたりをふくらませる。

ふくらませながら、★の角を☆に合わせているところ。

角を合わせて、平らに折りつぶした状態。

中へ折り込む

折り山の角などを、内側に入れる折り方です。

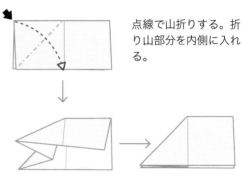

点線で山折りする。折り山部分を内側に入れる。

折り山を中へ入れているところ。

折り込んだ状態。

中割り折り／かぶせ折り

「中割折り」は、「つる」の顔のように、折り山を割りながら中へ折り込み、先端を出します。「かぶせ折り」は逆に、折り山にかぶせるように折ります。

●中割り折り

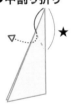

折り線のところで山折りにし、★部分の辺を内側へ折り込みながら、先端を矢印の方向へ出す。

折り込んでいるところ。

中割り折りをした状態。

●かぶせ折り

折り線のところで谷折りにし、かぶせるように矢印の方向へ折る（★部分の辺は裏返しになる）。

折りかぶせているところ。

かぶせ折りをした状態。

折り線のとおりに折る

折りすじをつけてから、図の山折り線・谷折り線のとおりに折ります。途中で立体的な作業になる場合が多いです。

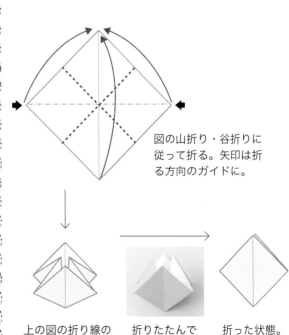

図の山折り・谷折りに従って折る。矢印は折る方向のガイドに。

上の図の折り線のとおりに折っているところ。

折りたたんでいるところ。

折った状態。

使用する材料と道具

特殊なものはなく、100円均一ショップや手芸・文具店、ネットショップで入手できます。

おりがみ

一般的なサイズは15cm四方。本書ではカットして使う作品もあるので、小さめの7.5cm四方や5cm四方があっても便利。また、20～25cm四方やそれ以上のサイズなども市販されています。

一般的な裏が白いタイプ

模様つきのもの

作品やイメージで
セレクトを

両面同じ色の
和紙おりがみ

接着剤

乾きやすさ、貼ったあとの微調整がしやすいことなどから、木工用ボンドがおすすめ。ノズルの細いものが使いやすい。おりがみの材質や使い勝手によっては、のりでも大丈夫。

はさみ

切る素材に合ったものを。こまかい作業がある作品は、先の細いものがいいでしょう。

カッター・カッターマット・定規類

おりがみをサイズに合わせて切るときには、カッターマット上におりがみを置き、定規を当ててカッターで切ると、きれいに切断できます。

目盛りがついている
マットが便利

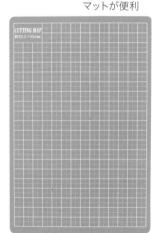

カッターの刃が
当たっても削れない
金属製がおすすめ

刃先は常に切りやすい
状態にする

作業の便利グッズ

折りすじをしっかりつけるときには、木製のアイススプーンをヘラがわりに使うのがおすすめ。竹串は、花びらや花芯をカールする道具に。さらにピンセットとともに細部の作業用に便利です。穴あけには目打ちやまち針を使います。

折った上からなぞる

ペン・色鉛筆

模様などをかくために使用。和紙を使う場合は、にじみにくい水性ボールペンや色鉛筆がおすすめ。

マスキングテープ

おりがみを裏からとめたり、接着剤が乾くまでの仮どめ用に使います。

地巻ワイヤー

もともと紙テープが巻いてある地巻ワイヤーは、おりがみを貼りつけやすく便利。

地巻ワイヤー

拡大

リボン・ひも・糸類

モチーフ同士をつなげたり、作品のかざりなどに使用。

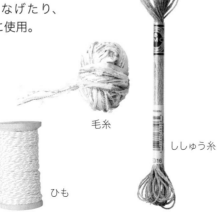

毛糸

ししゅう糸

リボン

ひも

ペップ

造花に使われる花芯。さまざまな色やサイズがあるので、花びらに合わせてセレクトを。

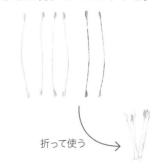

折って使う

本書の見方

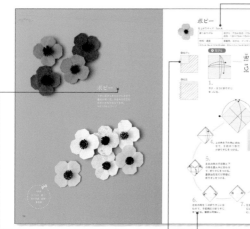

Part 1 単体でのおりがみモチーフの折り方の章

仕上がりサイズ
おおよその目安。用紙や折り方で多少変わる可能性もあります。

動画
QRコードがのっている作品は、作り方をYouTube動画でも確認できます（動画の再生速度や画質はYouTubeの設定で変えられます）。
※本と動画で作り方の細部が異なる場合もあります。
※動画は予告なく終了する場合があります。予めご了承ください。

使うおりがみ
複数のおりがみを組み合わせる場合は、それぞれの目安サイズを入れてあります。

材料・道具
折りすじをつけるアイススプーンや、こまかい部分の作業用のピンセットや竹串は、やりやすさに応じて適宜使用を。

難易度
作り方の難易度の目安。★1～3個で、数が多いほど難易度が高めです。

作り方
手順同士の間にあるマークは右参照。

うら かえす	次の手順では、おりがみを裏返して行うことを示す
むき かえる	次の手順では、おりがみの角度を変えることを示す
かくだい	次の手順から、図を大きくしていることを示す

A 花びら

使用するおりがみの図解
正方形のおりがみを切って折り始める場合や、2枚以上異なるサイズを使用する場合に、ひと目でわかりやすいように図解を入れています。緑のラインがある場合はカットして使いましょう。

3.75cm

4等分
8等分
1.9cm

カットして使用するおりがみのサイズは、15cmおりがみの一辺を等分していることが多いです。たとえば、3.75cmは一辺（15cm）の1/4、1.9cmは1/8です。

Part 2 Part1で紹介したモチーフを使って作るかざりや雑貨などの章

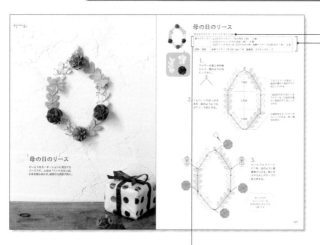

仕上がりサイズ
作品の仕上がりサイズの目安。箱や袋につける場合は、モチーフの仕上がりサイズを表示しています。葉や茎などのついた作品は、特記がない場合、それを含めた全長です。

用意するもの
各モチーフを折るのに必要な道具については、Part 1を参照（Part2では省略しています）。

それぞれモチーフ1個分の材料
使用するおりがみの目安サイズと花芯の材料などを示していますが、自由に調整してください。

モチーフ
使用するモチーフと、Part 1での作り方のページ。

タテ17×ヨコ11cm

使うモチーフ
・p.24 スイートピー（5cm四方：1枚）…2個
・p.56 けいとう（7.5cm四方：1枚）…4個
・p.97 ハートのはっぱ（5cm四方：2枚、地巻ワイヤー[#28]：9cm）…6個

必要なモチーフ数

Part 1

季節の花モチーフの
おりがみ

春夏秋冬＆通年の、とりどりの花がぎっしり。
それぞれに花言葉もついています。
少しむずかしめのものは、動画でも折り方が確認できます。

ポピー ✶✶

うすい花びらをひらひらさせて
春先に咲く花。大きめの花芯も
かわいさを引き立てます。
＊作り方は p.15〜17

花言葉

なぐさめ・眠り・
恋の予感・妄想・
夢想家

14

ポピー

折り方の動画

仕上がりサイズ：5cm大

使うおりがみ	花びら：7.5cm四方（15cmおりがみの 1/4 サイズ）1 枚 花芯：1.9×15cm（15cmおりがみの約 1/8 サイズ）1 枚
材料・道具	接着剤、はさみ、ピンセット、竹串

※花びらを 15cm おりがみで作る場合、花芯は 3.75×15cm を 2 枚作り、14 の巻き終わりにつづけて 2 枚目を重ねて巻きます。

Ⓐ 花びら

Ⓐ 花びら

Ⓑ 花芯

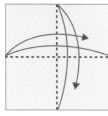
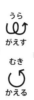

うら
がえす

むき
かえる

1.
タテ・ヨコに折りすじ
をつける。

2.
タテ・ヨコに折りすじ
をつける。

うら
がえす

3.
折り線のとおりに、下の
角を上の角に合わせて、
四角に折りたたむ。

たたんでいるとこ
ろ。左右の角は
中へ折り込む

4.
上の角を下の角に合わ
せて、手前の 1 枚だけ
折りすじをつける。

かくだい

5.
左右の角の手前側と下
の角を真ん中に合わせ
て、折りすじをつける。
裏側は左右だけ同様に
折りすじをつける。

折り込んでいるところ

6.
左右の角を 5 の折りすじに合
わせて、手前側だけ折りすじ
をつける。裏側も同様に。

7.
左右の角を、6 の折りす
じに合わせて中へ折り込
む。裏側も同様に。

上の角を下へ折った
ところ

浮いた角を外側へ折
りつぶしているところ

右側を折りつぶしたと
ころ。左側も同様に

折った状態

うら
がえす

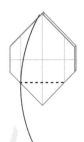

8.

上の角を手前の1枚だけ下の折
りすじで下へ折り、内側の浮いた
角は、外側へ四角に折りつぶす。

9.

折り線に沿って、
内側に折る。

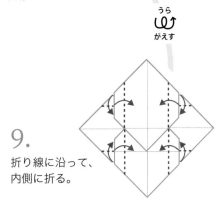

手前側のふちを折ると、
後ろ側の角が浮く

浮いた角を折り線で
折る

右上を折った状態。残
り3カ所も同様に

10.

4つの角を、9ででき
た角をつなぐ線で
折る。

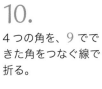
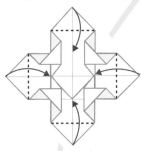

花びらの
できあがり

11.
8つの角を、図の
ように折る。

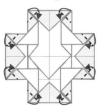
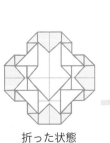
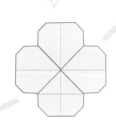

折った状態

うら
がえす

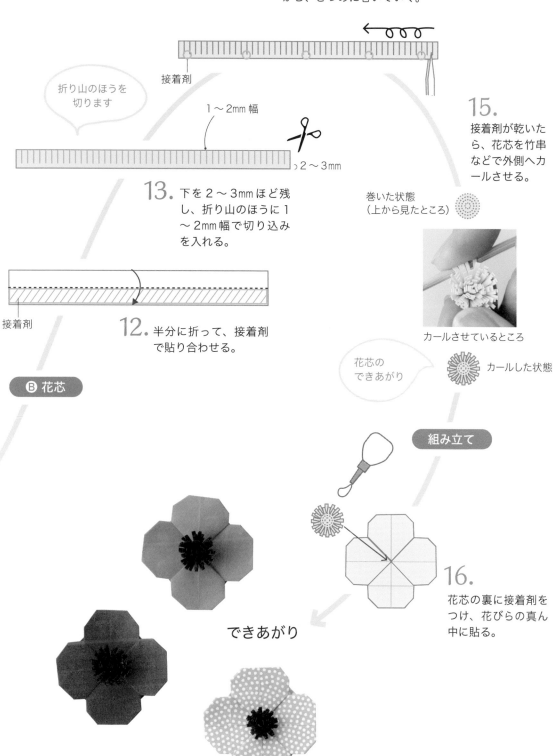

14. ピンセットで端をつまみ、下のところどころに接着剤をつけながら、きつめに巻いていく。

ピンセットの先に巻きつけていくとやりやすい

接着剤

折り山のほうを切ります

1～2mm幅

2～3mm

13. 下を2～3mmほど残し、折り山のほうに1～2mm幅で切り込みを入れる。

接着剤

12. 半分に折って、接着剤で貼り合わせる。

Ⓑ 花芯

15. 接着剤が乾いたら、花芯を竹串などで外側へカールさせる。

巻いた状態
（上から見たところ）

カールさせているところ

花芯の
できあがり

カールした状態

組み立て

16. 花芯の裏に接着剤をつけ、花びらの真ん中に貼る。

できあがり

花言葉
成功・可憐・
あなたを許す・
清々しい心

ネモフィラ ★

中心が白くかわいらしい小花で、あたり一面をブルーに染める花畑が有名です。花びら5枚を組み合わせて作ります。
＊作り方は p.20〜21

きんぽうげ ★★

野花として親しみ深い花です。
「金鳳花」と書き、本来は黄色
の花ですが、何色で折っても決
まるフォルムです。
＊作り方は p.22〜23

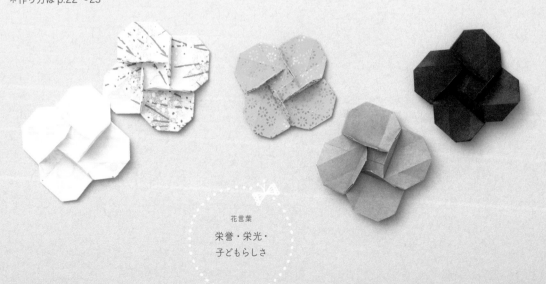

花言葉
栄誉・栄光・
子どもらしさ

18

スイートピー ★★

やさしい色合いで可憐に咲く、春
を代表する花のひとつ。1輪ずつ
作り、ワイヤーで束ねると、本物
のようです。

＊作り方は p.24〜26

花言葉
私を覚えていて・
やさしい思い出・
永遠の喜び・門出・
別離

ネモフィラ

仕上がりサイズ：4cm大

使うおりがみ	3cm四方（15cmおりがみの1/25サイズ）5枚
材料・道具	ペップ（白）3本、接着剤、黒ペン、マスキングテープ（なくてもOK）

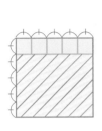

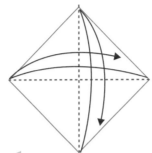

1. タテ・ヨコに折りすじ
をつける。

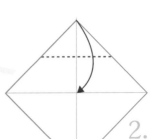

2. 上の角を、真ん中に合
わせて折る。

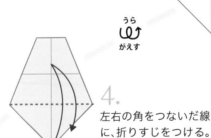

3. 左右の角の上の辺を、
真ん中に合わせて折る。

折った状態

うら
がえす

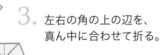

4. 左右の角をつないだ線
に、折りすじをつける。

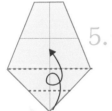

5. 下の角を、4でつけた
折りすじに合わせて折
り、つづいて4の折
りすじで折る。

うら
がえす

折った状態

うら
がえす

6. 下の左右の辺を、真ん
中に合わせて折る。

折った状態

7. 6で折ったところを、
半分に折る。

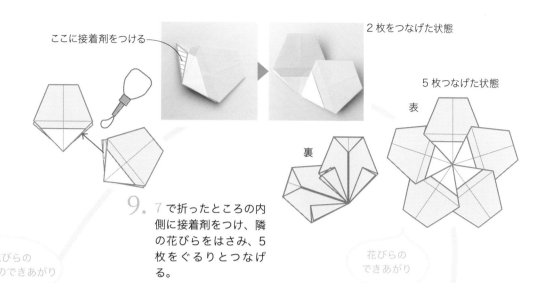

ここに接着剤をつける

2枚をつなげた状態

裏

表

5枚つなげた状態

9. 7で折ったところの内側に接着剤をつけ、隣の花びらをはさみ、5枚をぐるりとつなげる。

花びらの
パーツのできあがり

花びらの
できあがり

8.
同じものを計5個作る。

10.
ペップ3本を半分に折り、先端を黒ペンでぬる。

ペップ

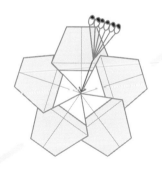

11.
ペップを束ね、花の中心に差し込み、裏側で接着剤かテープでとめる。

裏

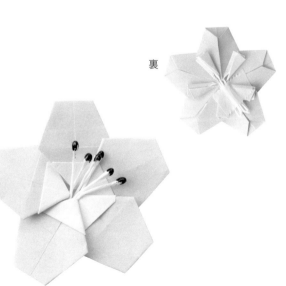

できあがり

きんぽうげ

折り方の動画

仕上がりサイズ：10cm大（15cmおりがみの場合）

使うおりがみ	自由なサイズ1枚
材料・道具	定規、鉛筆（ともになくてもOK）

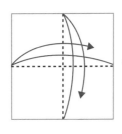

1. タテ・ヨコに折りすじ
をつける。

うら
がえす

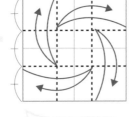

2. タテ・ヨコに、1/3の折りす
じをつける（15cmおりがみ
なら5cm幅で折る）。

定規で正確にはかると、
きれいに折れます

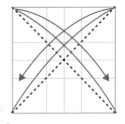

うら
がえす

3. ななめに折りすじを
つける。

▲の折りすじが
つながります

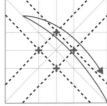

4. 折りすじの交点╋を
つないだ線で、折り
すじをつける。残り
の3カ所も同様に。

4と8〜12は
折りやすい向きに
回しながら折りましょう

折りすじをつけて
いるところ

うら
がえす

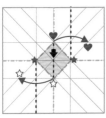

5. 折り線のとおりに折
る。★と★を合わせる
ように真ん中の四角を
へこませて、☆と☆、
♥と♥も合わせる。

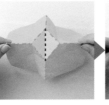

山折りをしっかり折っ
てから、左右を持つ

真ん中をつぶして、マ
ークを合わせる

折った状態

うら
がえす

6. 上の辺の手前側を、折
り線で折る。

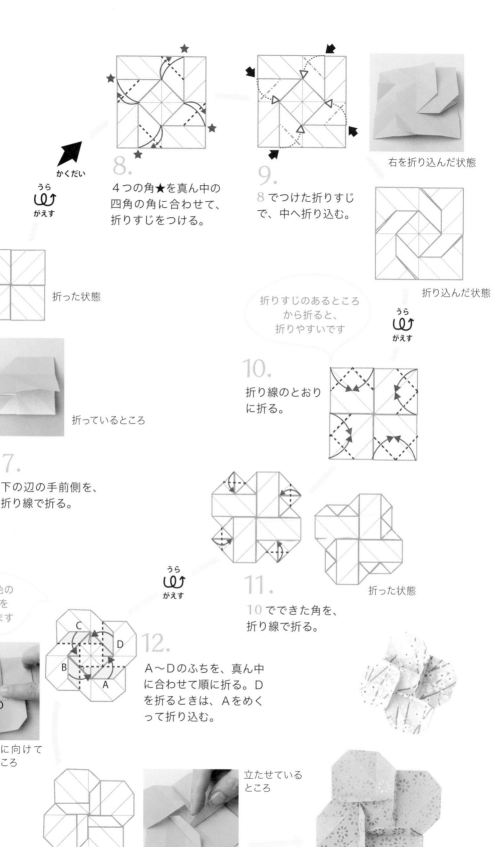

8. 4つの角★を真ん中の四角の角に合わせて、折りすじをつける。

かくだい

うら
がえす

折った状態

折っているところ

7. 下の辺の手前側を、折り線で折る。

9. 8でつけた折りすじで、中へ折り込む。

右を折り込んだ状態

折り込んだ状態

折りすじのあるところから折ると、折りやすいです

うら
がえす

10. 折り線のとおりに折る。

折った状態

11. 10でできた角を、折り線で折る。

うら
がえす

濃い色の部分を折ります

Dを真ん中に向けて折っているところ

12. A〜Dのふちを、真ん中に合わせて順に折る。Dを折るときは、Aをめくって折り込む。

立たせているところ

13. 12で折ったところを、少し立たせる。

できあがり

23

スイートピー

仕上がりサイズ：花 4.5cm大

使うおりがみ	7.5cm四方（15cmおりがみの1/4サイズ）4枚
材料・道具	地巻ワイヤー（＃28）12cm4本、まち針（穴あけ）、接着剤

花

●花

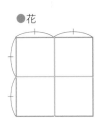

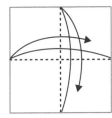

1. タテ・ヨコに折りすじ
をつける。

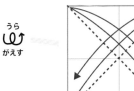

うら
がえす

2. ななめに折りすじ
をつける。

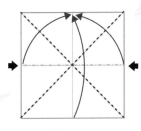

3. 折り線のとおりに、下の
辺を上の辺に合わせて、
三角に折りたたむ。

折りたたんでいるころ。
左右の辺は中へ折り
込む

4. 左右の角を真ん中に合
わせて、手前側だけ折
りすじをつける。

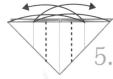

5. 左右の角を、4でつけ
た折りすじの遠いほうに
合わせて、手前側だけ折
りすじをつける。

うら
がえす

折った状態

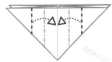

6. 4～5でつけた折り
すじで段折りにして、
中へ折り込む。

折り込んでいるところ

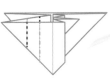

片方を折った状態

7. 6でできた上の
角を、手前側だけ
少し折る。

10.

右側を1枚だけ
めくる。

折り込んでいる
ところ

かくだい

11.

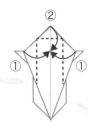

①左右の角を手前側だけ、真ん中に合わせて折り、②上の角を1枚だけ、①で折った角に合わせて折る。

12.

11でできた左右の角を少し折る。

9.

8でつけた折りすじで、左右の辺を中へ折り込む。

8.

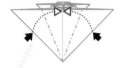

左右の辺を真ん中に合わせて、折りすじをつける。

13.

左側を2枚めくり、11～12と同様に。

2枚めくったところ

14.

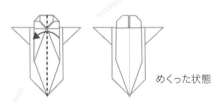

めくった状態

右側を1枚だけめくる。

少し立体的に
なります

うら
がえす

15.

いちばん手前の1枚を、下の角に合わせて折り、中の浮く部分は放射状に広げる。

手前の1枚を下の角に
合わせたところ

浮いたところは、中心
からななめに折る

17. グレーの部分を左右からつまんで
真ん中に寄せ、表からも見ながら
立体的にととのえる。

うら
かえす

折った状態

裏側からつまんでいる
ところ

表側の花びらを立体的にととのえているところ

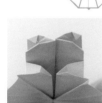

上の角を折り
込んだ状態

花のできあがり

うら
かえす

18.

同じものを計4個作る。

16.

上の角を少し中へ折り込
み、左右の角は向こう側
へ少し折る。

組み立て

つづき

地巻ワイヤー

19. 花の真ん中からまち針を
さして、17 でつまんだ
ところの下の角に穴をあ
ける。4個とも同様に。

20.

先を少し丸めたワイ
ヤーを通して、接着
剤でとめる。4個と
も同様に。

ここに穴をあける

上から順に束ねていくと、
バランスよくできます

このあたりから
曲げる

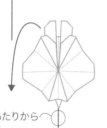

21.

接着剤が乾いたら、花首
の少し下からワイヤーを
下に曲げる。

22.

図のように4個の花
のワイヤーをねじっ
て束ねる。

できあがり

ワイヤーは
好みの長さで
切りましょう

花言葉
思い出・初恋の思い出・
青春の思い出・友情・
恋の芽生え

ライラック ★★

白やピンク、紫の小花が、木の枝の先に
房のように咲く、香りのよい花。小さめ
サイズでたくさん作ると、本物のような
雰囲気になります。

＊作り方は p.28 〜 29

ライラック

仕上がりサイズ：3cm大

使うおりがみ	花びら：3.75cm四方（15cmおりがみの1/16サイズ）1枚
材料・道具	はさみ、ホチキス、竹串

※おりがみのサイズは、一般的なホチキスの幅に合わせています。
　大きな紙で作る場合は、6でホチキスをとめるとき、右寄りにとめるか、2カ所とめるなどして作りましょう。

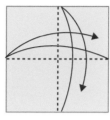

1. タテ・ヨコに折りすじをつける。

2. 左右の辺を、真ん中に合わせて折る。

3. 2の合わせ目で向こう側へ折る。

折り山が右側にくるようにします

4. 半分に折る。

かくだい

5. 図のように切って、①花びらの形にしてから、②4の形に戻す。

ここは切らない

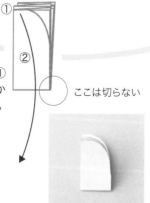

切った状態。花びらが4枚できる

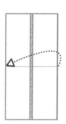

6. 真ん中の折りすじに重ねて、ホチキスでとめる。

袋に指を入れて開く　　折りつぶしているところ

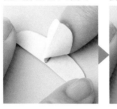 

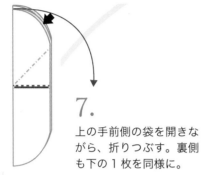

7.
上の手前側の袋を開きながら、折りつぶす。裏側も下の1枚を同様に。

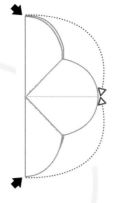

8.
残った上と下の頂点を、右の頂点に合うように中へ折り込む。

折り込んでいるところ

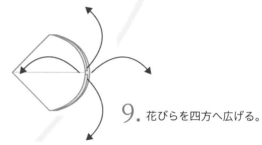

9. 花びらを四方へ広げる。

まず、両側の花びらをつまんで広げ、持ち替えて閉じている花びらも広げる

広げた状態。根元がつぶれていないか確認を

少しカールさせることで、花びらの開きが固定されます

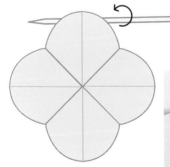

カールさせているところ

10.
花びらのふちを、竹串で外側へ少しカールさせる。

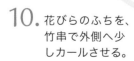

できあがり

インパチェンス ★★★

花壇や鉢植えでよく見る花です。八重咲きの花
の形を、おりがみで表現しています。
＊作り方は p.32 〜33

花言葉
目移りしないで・
豊かさ・鮮やかな人

クレマチス ★★

和名では「鉄線」といわれ、垣
根をかざるつる性の植物です。
すっととがった花びらを1枚
ずつ作って組み合わせます。
＊作り方は p.34〜36

花言葉
美しい心・
旅人の喜び・
高潔

インパチェンス

仕上がりサイズ：9cm大（15cm おりがみの場合）

使うおりがみ	自由なサイズ1枚
材料・道具	なし

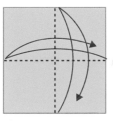

1. タテ・ヨコに折りすじをつける。

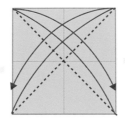

2. ななめに折りすじをつける。

うら
がえす

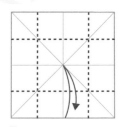

ここから、4カ所同じことをくり返す手順では、折りやすい向きに回しながら折りましょう

3. 4つの辺を真ん中に合わせて折りすじをつける。

うら
がえす

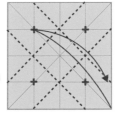

4. 4つの角を離れたほうの＋に合わせて、折りすじをつける。

うら
がえす

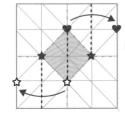

5. 折り線のとおりに折る。★と★を合わせるように真ん中の四角を下へ折りつぶし、☆と☆、♥と♥も合わせる。

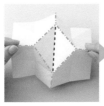

山折り線をしっかり折ってから、左右を持つ

真ん中をつぶして、マークを合わせる

かくだい

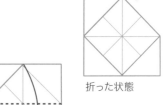

折った状態

6. 上の辺を手前側だけ、下へ半分に折る。

8. 4つの四角を図の
ように三角に折る。

9. ①8で折った♥のところを少しめ
くり、折りすじ★を☆に合わせて、
放射状の段折りにする。②めくっ
た♥は、♡に合わせて折りつぶす。
残りの3カ所も同様に。

① ★ ♥ ②
☆ ♡

①♥をめくって★を
持ったところ

★と☆を合わせて
いるところ

★と☆を合わせて
折った状態

②♥と♡を合わせて
いるところ

1カ所折りつぶした
状態

折った状態

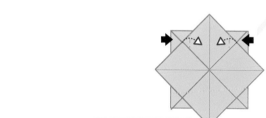

7. 下の辺を手前側だけ、
上へ半分に折る。

うら
がえす

10. できた4つの四角の
隣り合う角を、中へ
折り込む。残りの6
カ所も同様に。

裏の折り目の
ギリギリのところで折る

11. すべての角を、向こ
う側へ少し折る。

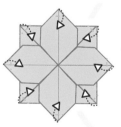

できあがり

12. 手前側の花びらをつまむ
ようにして真ん中に折り
目をつけながら、花びら
を立体的にととのえる。

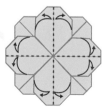

33

クレマチス

仕上がりサイズ：8cm大

使うおりがみ	花びら：5cm四方（15cmおりがみの1/9）サイズ5〜6枚 花芯：3.75×15cm（15cmおりがみの1/4サイズ）1枚
材料・道具	はさみ、接着剤、ピンセット、竹串

Ⓐ 花びら

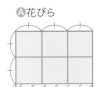

Ⓐ花びら

Ⓑ花芯

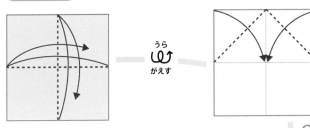

1. タテ・ヨコに折りすじ
をつける。

2.
上の左右の角を、真ん
中に合わせて折る。

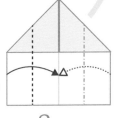

3. 左の辺を手前へ、右の
辺を向こう側へ、それ
ぞれ真ん中に合わせて
折る。

折りすじを
つけている
ところ

4. 下側の正方形の部分に
ななめに折りすじをつ
け、3の形に戻す。

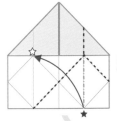

5. 右下の折りすじの交点
★を、左上の交点☆に
合わせて、折り線のと
おりに折りたたむ。

6.
左下の角を、折り線
で折る。

★と☆を合わせてい
るところ

上に出た部分は手前
に折る

右の浮いた部分は折
りつぶす

花びらのパーツの
できあがり

8. 左下を、図のように
段折りにする。

9. 向こう側へ半分に折り
すじをつける。
同じものを計5〜6
個作る。

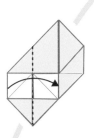

7.
左側を、折り線で
折る。

伸ばした濃い色の
部分が
すっぽり入ります

伸ばした部分を、
すき間に差し込ん
でいるところ

10.
8で段折りをした部分
を伸ばし、1つ目の花
びらの右下のすき間に
差し込む。これをくり
返して5〜6枚を円形
につなげる。

2枚をつなげた状態

6枚つなげ、1つ目
の花びらの段折り
を伸ばしたところ

1つ目の花びらの
伸ばした部分を、
最後の花びらのす
き間に差し込めば、
円形になる

円形につないだ状態

うら
くるっ
がえす

花びらの
できあがり

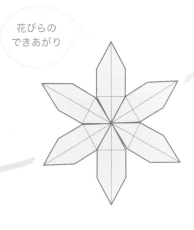

35

13. ピンセットで端をつま
み、下のところどころ
に接着剤をつけながら、
きつめに巻いていく。

ピンセットの先に
巻きつけていくと
やりやすい

折り山のほうを
切ります

1〜2mm幅

✂

折り山 →

3mm（

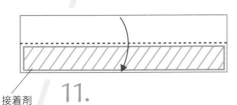

12. 下を3mmほど残し、折り
山のほうに1〜2mm幅
で切り込みを入れる。

巻いた状態　　上から見たところ

14. 接着剤が乾いたら、花芯
を内側へカールさせる。

花芯の
できあがり

接着剤

11. 半分に折って、接着剤で
貼り合わせる。

いったん指で外側へ
開く

竹串で内側へカール
させてから、バランス
よく散らす

B 花芯

組み立て

15. 花芯の裏に接着剤をつけ、
花びらの真ん中に貼る。

つづき

できあがり

花びらの数は
お好みで

ゆり ★★

伝統のおりがみにもあるゆりをベース
に、2枚のおりがみで作って、より華
やかに仕上げました。1輪仕立てや3
輪仕立てなどはお好みで。
＊作り方は p.38〜41

花言葉
純潔・威厳・無垢・
自尊心・華麗

ゆり

折り方の動画

仕上がりサイズ：花8cm大、葉6.5cm大

使うおりがみ	花：12cm四方（15cmおりがみ 16/25 サイズ）6 枚、 葉：7.5 × 3.75cm（15cmおりがみ 1/8 サイズ）4 枚
材料・道具	地巻ワイヤー（♯ 28）18cm 3 本、はさみまたはカッター、接着剤、 竹串、目打ち（穴あけ）

Ⓐ 花

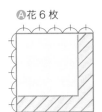
Ⓐ花6枚

Ⓑ葉4枚

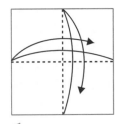

1. タテ・ヨコに折りすじ
をつける。

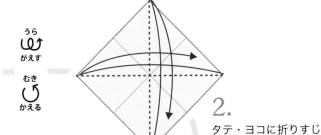

うら
がえす

むき
かえる

2. タテ・ヨコに折りすじ
をつける。

うら
がえす

3. ★をつないだ線で、
下を切り外す。

左右の角は
中へ折り込む
（→ p.9）

4. 折り線のとおりに、左右
の角を上の角に合わせて、
四角に折りたたむ。

かくだい

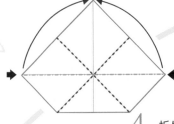

5. 下の三角の半分に接着
剤をつけて、左の角を
右の角に合わせて折り、
貼り合わせる。

接着剤

貼り合わせたところは、
2 枚いっしょに折る

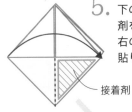

6. 右下の辺を真ん中に合わせ
て、手前側だけ折りすじを
つける。めくりながら、残
りの 2 カ所も同様に。

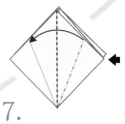

7.
右の角の袋を開き、6 でつ
けた折りすじで折りつぶす。
めくりながら、残りの 2 カ
所も同様に。

折りつぶしているところ

10.

9 でできた下向きの角を、上に折る。めくりながら、残りの2カ所も同様に。

11.

左の角を1枚めくる。

9.

8 でつけた折りすじで、ひし形のように折りつぶす。めくりながら、残りの2カ所も同様に。

12.

下の左右の辺を手前側だけ、真ん中に合わせて折る。めくりながら、残りの2カ所も同様に。

8.

上の左右の辺を真ん中に合わせて、手前の1枚だけ折りすじをつける。下の角は上の角に合わせて、折りすじをつける。めくりながら、残りの2カ所も同様に。

2枚で1つの花を作ります

かくだい

13.

上の角を手前側だけ、折れるところで下へ折る。めくりながら、残りの2カ所も同様に。同じものを計2個作る。

角を折ったものは外側のパーツ㋐に、もう1個は内側のパーツ㋑になります

㋐

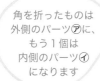

14.

2個のうち1個だけ、上の角を外側へ折る。

①手前側をめくる

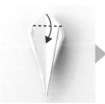

②上の角を折る

③①でめくったところを戻す。残りの2カ所も同様に

㋑

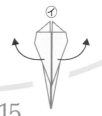

15.

㋐㋑とも、13で折ったところを広げて、下の部分を立体的な三角すいの形にととのえる。

立体的にととのえているところ

花のできあがり。
同じものを計3個作ります

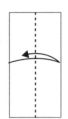

Ⓑ 葉

カールさせて
いるところ

17.

花びらになる部分を、
竹串で外側へカール
させる。

18.

半分に折りすじをつける。

19.

下の左右の角を、真ん中
に合わせて折る。上の左
右の角を、真ん中に合わ
せて向こう側へ折りすじ
をつける。

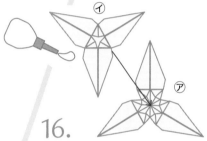

16.

14で角を折ったパーツ
㋐を外側にし、もう1つ
の㋑を中に差し込み、接
着剤でとめる。

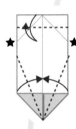

20.

下の左右の辺を、真ん中
に合わせて折る。上の辺
を★を結ぶ線に合わせて、
折りすじをつける。

つづき

差し込んでいる
ところ

奥まで差し込んだ
状態

21.

左右の辺を真ん中に合わ
せて折る。

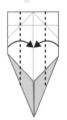

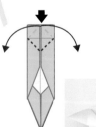

22.

上の真ん中の角を左右に
開きながら、折り線のと
おりに折りつぶす。

折りつぶしているところ

25.

先を少し丸めたワイヤー
を、24 の穴に上から通
して、接着剤でとめる。
残りの2個も同様に。

地巻きワイヤー

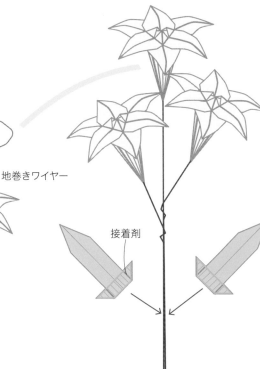

26.

花を3本束ねてワイヤー
をねじって固定し、葉2
枚でワイヤーをはさむよ
うにして接着剤でとめる。
ずらして、残り2枚も同
様につける。

接着剤

27.

葉を指で開いて形を
ととのえる。

葉を開いているところ

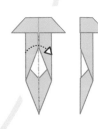

24.

花の真ん中から目打ちを
さし、底に穴をあける。
残りの2個も同様に。

ここに穴をあける

組み立て

葉のできあがり。
同じものを計4個作ります

23.

向こう側へ半分に折る。

できあがり

ひまわり ★★★

幾重にもなる花びらを4枚のおりがみで表現し、
華やかな見た目に。黄色以外の色でもおもしろく
仕上がります。
＊作り方は p.44 〜 47

花言葉

敬慕・高貴・
あこがれ

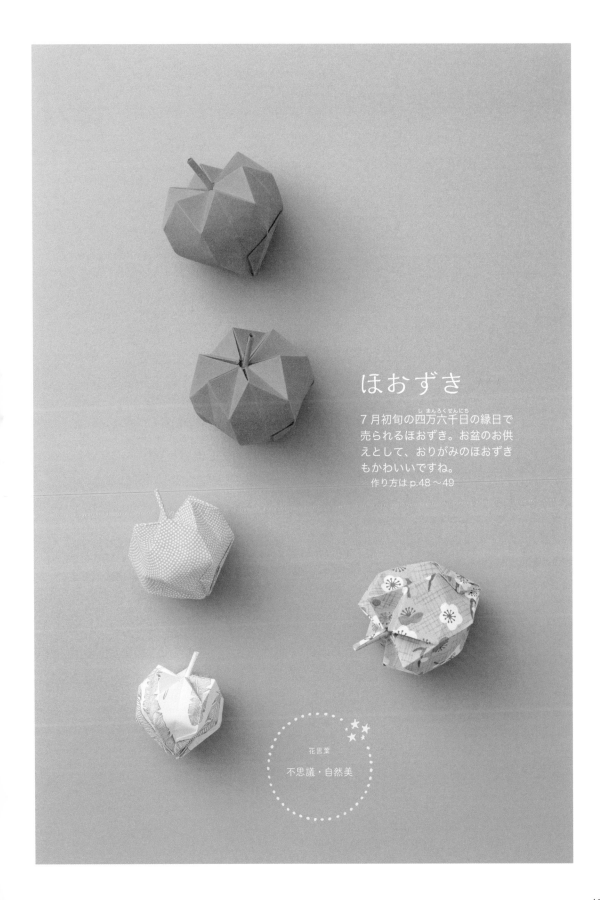

ほおずき

7月初旬の四万六千日の縁日で
売られるほおずき。お盆のお供
えとして、おりがみのほおずき
もかわいいですね。

作り方は p.48〜49

花暑葉

不思議・自然美

ひまわり

仕上がりサイズ：15cm大（15cmおりがみの場合）

使うおりがみ	花びら：自由なサイズ4枚　花芯：花びらと同じサイズ1枚
材料・道具	接着剤

花びら

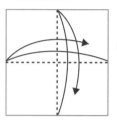

1. タテ・ヨコに折りすじ
をつける。

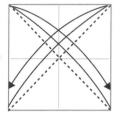

2. ななめに折りすじをつ
ける。

うら
がえす

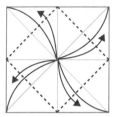

3. 4つの角を真ん中に合わせ
て、折りすじをつける。

うら
がえす

4. 左右の辺を真ん中
に合わせて、折り
すじをつける。

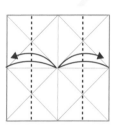

5. 上下の辺を、真ん中
に合わせて折る。

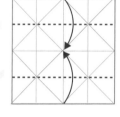

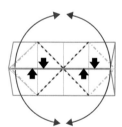

6. 左右の真ん中の角を上下
に開きながら、折り線の
とおりに折りつぶす。

左の角を上下に
開いたところ

折りつぶした状態。
右側も同様に

8. 4つの四角の隣り合う
辺を、それぞれ真ん中
に合わせて、折りすじ
をつける。

折った状態
（このあとまた開く）

かくだい

7. 上下の4つの角を、そ
れぞれ四角に開きなが
ら、真ん中に合わせて
折りつぶす。

右上の角を開いた
ところ

折りつぶした状態。
残りの3カ所も同様に

11.

向こう側へ半分に折る。

12.

11 で折った手前側をつまみ、☆と★を合わせるようにして、放射状の段折りにする。

手前側をつまんだところ

☆と★を合わせたところ

右側が浮くので、そのまま折りつぶす

折りつぶしているところ

折った状態

10.

半分に折りすじをつける。

右上の角を開いたところ

折りつぶした状態。残りの3カ所も同様に

できたひし形が、花びらになります

9.

真ん中の4つの角を手前の1枚だけ、外側に開きながら、8でつけた折りすじで折りつぶす。

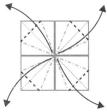

うら
がえす

13.

12と同じように、手前側を段折りにして、浮いた右側は折りつぶす。

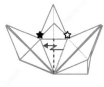

14.

13で合わせた♥の部分の手前側をまとめてつまみ、☆を★の後ろ側の折りすじに合わせるように折りずらす。

♥をつまんだところ

折りずらしたら、そのまま折りつぶす

花びらのパーツのできあがり

15.

同じものを計4個作る。

花びらの
できあがり

花芯

17.

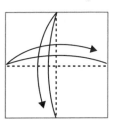

タテ・ヨコに折り
すじをつける。

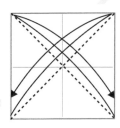

２個をつないだところ。
残りの２個も同様に

接着剤

16.

端に接着剤をつけて、
9 でできた花びら（ひ
し形）がぴったり並ぶ
ように４個つなげ、円
形にととのえる。

つづき

18.

ななめに折り
すじをつける

19.

4つの角を、真ん中
に合わせて折る。

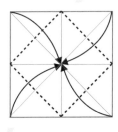

20.

4つの角を真ん中に
合わせて、折りすじ
をつける。

むき
かえる

21.

左右の辺を真ん中に
合わせて、折りすじ
をつける。

22.

上下の辺を、真ん中
に合わせて折る。

右上の片側の角を開いたところ

折りつぶした状態。残りの7カ所も同様に

26. 25で折ったところを開いて折りつぶす。

27. 4つの角を向こう側へ折る。

25. 4つの四角の隣り合う辺を、それぞれ真ん中に合わせて折る。

花芯のできあがり

かくだい

組み立て

24. 上下の4つの角を、四角に開きながら、それぞれ真ん中に合わせて折りつぶす。

浮きやすいので、接着剤がくっつくまで押さえておきましょう

28. 花芯の裏に接着剤をつけ、花びらの真ん中に貼る。

23・24は、6・7と同じ折り方です

23. 左右の真ん中の角を上下に開きながら、折り線のとおりに折りつぶす。

花びらがたくさん重なったひまわりです！

できあがり

ほおずき

仕上がりサイズ：4cm大

使うおりがみ	実：5×15cm（15cmおりがみの 1/3 サイズ）1枚　茎：1×2cm 1枚
材料・道具	はさみ、接着剤、ピンセット、マスキングテープ、竹串

Ⓐ 実

Ⓐ実

Ⓑ 茎 1 × 2cm

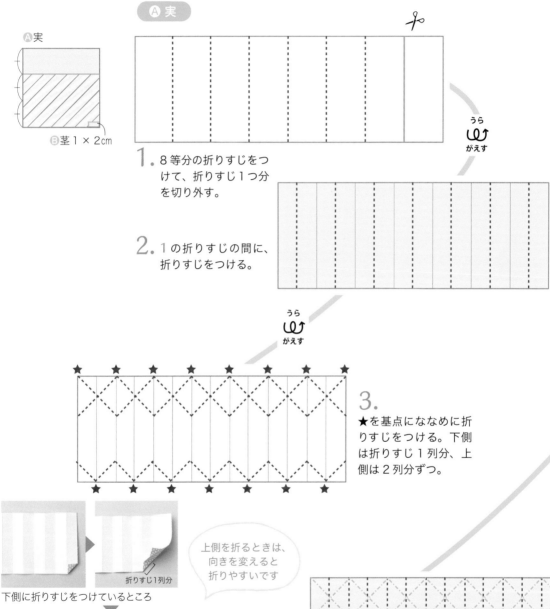

1. 8等分の折りすじをつけて、折りすじ1つ分を切り外す。

2. 1の折りすじの間に、折りすじをつける。

3. ★を基点にななめに折りすじをつける。下側は折りすじ1列分、上側は2列分ずつ。

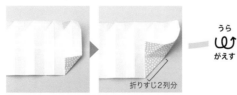

折りすじ1列分

下側に折りすじをつけているところ

上側を折るときは、向きを変えると折りやすいです

折りすじ2列分

上側に折りすじをつけているところ

4. 図のように、谷折りと山折りの折りすじをしっかりつける。

7.

下の左右の角を、折り
すじで中へ折り込む。

1 カ所折り込んだ
状態。残りの 5 カ
所も同様に

8.

右下の辺を、真ん中に合わせ
て折る。めくりながら、残り
の 5 カ所も同様に。

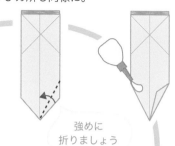

強めに
折りましょう

9.

8 で折ったとこ
ろを接着剤でと
める。

10.

内側に指を入れ
てふくらませる。

ふくらませている
ところ

接着剤

6.

折りすじ 2 列分が表に出
るように、折りたたむ。

接着剤

11.

上の部分を折りすじのとおり
に折り、接着剤でとめる。

ピンセットでつま
んで貼り合わせて
いるところ

中心に寄せて、形
をととのえている
ところ

5.

端の、タテの折り
すじ 2 列分に接
着剤をつけ、輪に
してとめる。

輪にしているところ

実の
できあがり

12.

接着剤が乾くまで、マ
スキングテープで仮ど
めする。

できあがり

B 茎

13.

端から竹串できつく
巻いてから、竹串を
抜く。

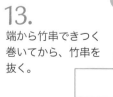

接着剤

14.

細く巻き直し、巻き終
わりを接着剤でとめる。

15.

実の真ん中のすき間に
接着剤をぬり、茎を差
し込む。

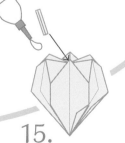

ダリア ★

華やかな美しさから「花の女王」
といわれています。2色のおり
がみを重ねて、6つのパーツを
つなげて作ります。
＊作り方は p.52〜53

花言葉
栄華・華麗・気品・
移り気

くじゃくそう ★★

細い花びらの小さな花が、集まって咲きます。その様子
から「アスター」（ギリシャ語で「星」）とも呼ばれます。
＊作り方は p.54〜55

けいとう ★★★

ベルベット素材のフリルのような花です。最後にねじっ
て折ることで、複雑なフリルを表現しました。
＊作り方は p.56〜58

ダリア

仕上がりサイズ：7cm大

使うおりがみ	花びら大：7.5×3.75cm（15cm おりがみの 1/8 サイズ）6枚 花びら小：5×2.5cm（15cm おりがみの 1/18 サイズ）6枚
材料・道具	接着剤

※花びらの大と小の対応する辺の長さの比は3：2です。計算して好きな大きさで作ることができます。

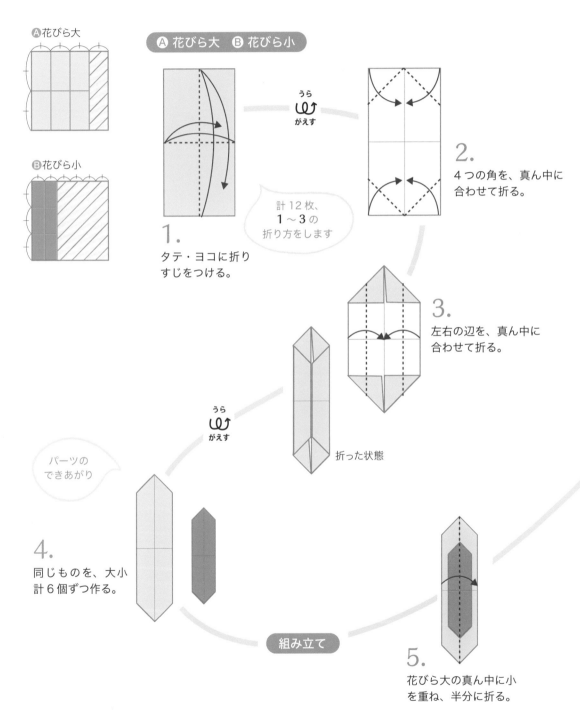

Ⓐ 花びら大

Ⓑ 花びら小

Ⓐ 花びら大　Ⓑ 花びら小

うら
がえす

計12枚、
1～3の
折り方をします

1.
タテ・ヨコに折り
すじをつける。

2.
4つの角を、真ん中に
合わせて折る。

3.
左右の辺を、真ん中に
合わせて折る。

折った状態

うら
がえす

パーツの
できあがり

4.
同じものを、大小
計6個ずつ作る。

組み立て

5.
花びら大の真ん中に小
を重ね、半分に折る。

接着剤が乾いて
手を離すと、
自然に広がります

7. 同じものを計6個作る。

8.

6と同じように接着剤
をぬり、6個のパーツ
をすべてつないで円形
にします。

接着剤をぬり、2個
をつなげるところ

むき
かえる

折った状態

接着剤

6.

図のようにL字に
接着剤をぬり、半
分に折って貼り合
わせる。

接着剤を
つける位置は
ていねいに
確認しましょう

9.

すべての角を向こ
う側へ少し折る。

できあがり

くじゃくそう

仕上がりサイズ：3.5cm大

使うおりがみ	花びら：5×15cm（15cmおりがみの1/3サイズ）1枚 花芯：2.5×7.5cm（15cmおりがみの1/12サイズ）1枚
材料・道具	接着剤、はさみ（あればピンキングばさみ）、ピンセット、竹串

Ⓐ花びら

Ⓑ花芯

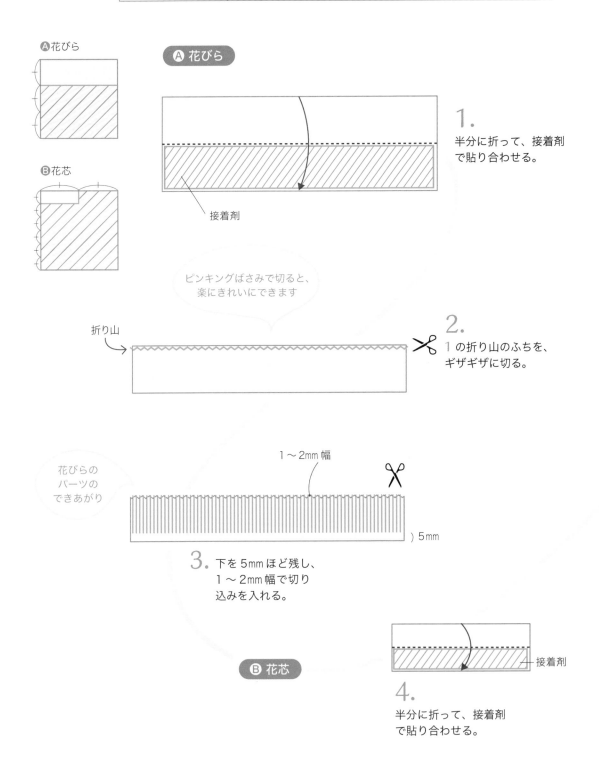

Ⓐ 花びら

1.
半分に折って、接着剤
で貼り合わせる。

接着剤

ピンキングばさみで切ると、
楽にきれいにできます

折り山

2.
1の折り山のふちを、
ギザギザに切る。

花びらの
パーツの
できあがり

1〜2mm幅

）5mm

3. 下を5mmほど残し、
1〜2mm幅で切り
込みを入れる。

Ⓑ 花芯

接着剤

4.
半分に折って、接着剤
で貼り合わせる。

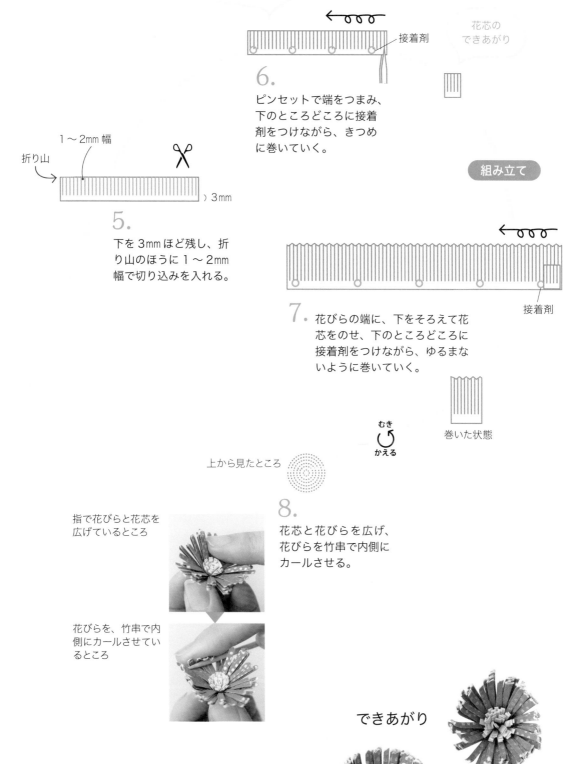

ピンセットの先に
巻きつけていくと
やりやすい

接着剤

花芯の
できあがり

6.

ピンセットで端をつまみ、
下のところどころに接着
剤をつけながら、きつめ
に巻いていく。

組み立て

折り山

1〜2mm 幅

3mm

5.

下を 3mm ほど残し、折
り山のほうに 1 〜 2mm
幅で切り込みを入れる。

接着剤

7.

花びらの端に、下をそろえて花
芯をのせ、下のところどころに
接着剤をつけながら、ゆるまな
いように巻いていく。

むき
かえる

巻いた状態

上から見たところ

8.

花芯と花びらを広げ、
花びらを竹串で内側に
カールさせる。

指で花びらと花芯を
広げているところ

花びらを、竹串で内
側にカールさせてい
るところ

できあがり

55

autumn

けいとう

仕上がりサイズ：5cm大（15cmおりがみの場合）

使うおりがみ	自由なサイズ1枚
材料・道具	なし

折り方の動画

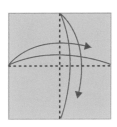

1. タテ・ヨコに折りすじ
をつける。

うら
がえす

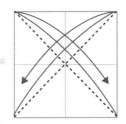

2. ななめに折りすじを
つける。

うら
がえす

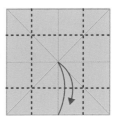

3. 4つの辺を真ん中に合わ
せて、折りすじをつける。

むき
かえる

ここから4回
同じことをくり返します。
やりやすい向きに
回しながら折りましょう

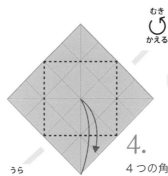

4. 4つの角を真ん中に合
わせて、折りすじをつ
ける。

5. 4つの角を╋に合わせ
て、折りすじをつける。

うら
がえす

6. 4つの角を、╋に合わ
せて折る。

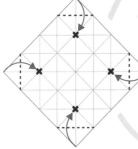

箱型に折り目を
つけているところ

手を離すと自然に
戻る

濃いグレーの
部分を
内側に折り込みます

7. 折り線のとおりに折っ
て、箱型にする。

8.
4つの側面を、それぞれ三角に折りたたむ。

左右を内側に折り込んでいるところ

三角にたたんでいるところ

2つ目を折りたたんでいるところ

上から見たところ

同様に4つとも側面を折りたたむと、平らな形になる

かくだい

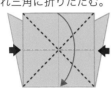

次は側面を折る

むき
かえる

1カ所折ったところ

すべて折った状態

9.
三角の手前側を、真ん中に合わせて折る。

10.
後ろ側の角に、三角に折りすじをつける。

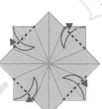

強めに折りすじをつけましょう

右上の折りすじをつけているところ

折り込んだ状態。
残りの3カ所も同様に

11.
10で折りすじをつけたところを、中へ折り込む。

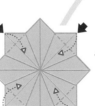
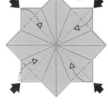

中へ折り込むようにたたむ

折りすじの左右から、手前側と後ろ側のひだを持ち、十字にする

対角線上のひだを少しずつ引き、角をつぶしていく

さらに引き、折りすじまで広げたところ

真ん中を、指でへこませる

autumn けいとう

いったん角を広げる

三角に折る

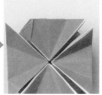
1カ所をかぶせ折りにした状態。残りの7カ所も同様に

14.

図のとおりに、放射状にじゃばら折りにする。

じゃばら折りにしているところ

1カ所じゃばら折りにした状態

4カ所すべてじゃばら折りにした状態

13.

濃い色の部分を、三角にかぶせ折りにする。

♥は14でじゃばら折りした内側の部分

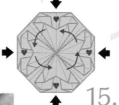
かくだい

15.
4カ所の♥の部分からそれぞれ指を入れてじゃばら部分をつまみ、下を支えながら、左へねじって形をととのえる。

12.
9で折ったところを戻す。

♥をつまんだところ

ねじっているところ

できあがり

ベゴニア ★★

多くの品種があるベゴニアのうち、八
重咲きの花を表現しました。ぽってり
した花びらの雰囲気が出ています。
※作り方は p.60〜62

ネリネ ★★★

ギリシャ神話の美しい水
の精「ネーレーイス」に
ちなむ名前。茎の先に小
さなラッパ形の花をたく
さんつけます。
※作り方は p.63〜65

ベゴニア

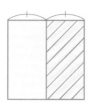

仕上がりサイズ：4.5cm大（15cmおりがみの場合）

使うおりがみ	自由なサイズ 1/2 枚
材料・道具	なし

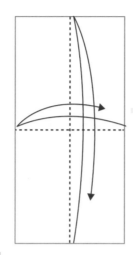

1. タテ・ヨコに折りすじをつける。

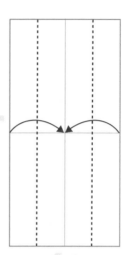

2. 左右の辺を、真ん中に合わせて折る。

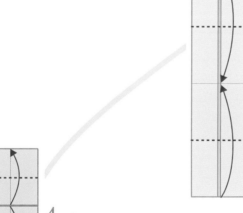

3. 上下の辺を、真ん中に合わせて折る。

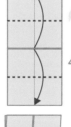

4. 3で折った端を、それぞれ上と下の辺に合わせて折る。

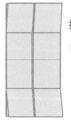

折った状態

うら
ひっくり
がえす

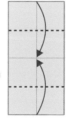

折った状態

5. 上下の辺を、真ん中に合わせて折る。

うら
ひっくり
がえす

かくだい

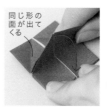

めくっているところ

同じ形の
面が出て
くる

7. 上の辺を手前側だけ、
下へめくる。

紙が重なったまま
折ります

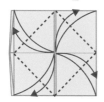

6. 4つの角を真ん中に合
わせて、折りすじをつ
ける。

折りつぶすと、
7の図の面に
戻ります

8.
真ん中の切れ目を開き
ながら、折り線で折り
つぶす。

切れ目を開いているところ

9.
下の辺を手前側だけ、
上へめくる。

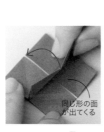

同じ形の面
が出てくる

めくっているところ

また、
7の図の面に
戻ります

切れ目を開いているところ

10.
真ん中の切れ目を開き
ながら、折り線で折り
つぶす。

12.

真ん中の角を、
外側へ開く。

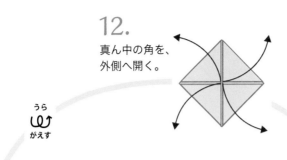

うら

がえす

紙が重なったまま
折ります

何枚も重なる
花びらに
なります

13.

4つの角を、ふち
に合わせて折る。

折った状態。
自然に戻る形でOK

11.

4つの角を、真ん中に
合わせて折る。

折った状態

つづき

うら
がえす

できあがり

ネリネ

折り方の動画

仕上がりサイズ：花5cm大

使うおりがみ	花びら：7.5cm四方（15cmおりがみの1/4サイズ）5～6枚
材料・道具	ペップ 花1つあたり3本、地巻ワイヤー（♯28）10cm 5～6本、竹串、まち針（穴あけ）、接着剤

＊ペップの本数は花の大きさによって調整しましょう。

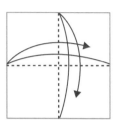

1. タテ・ヨコに折りすじをつける。

うら
がえす

むき
かえる

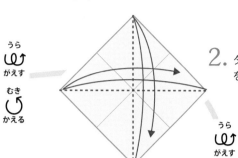

2. タテ・ヨコに折りすじをつける。

うら
がえす

左右の角は中へ折り込む（→ p.9）

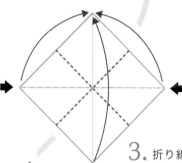

3. 折り線のとおりに、下の角を上の角に合わせて、四角に折りたたむ。

かくだい

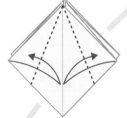

4. 上の左右の辺を真ん中に合わせて、手前側だけ折りすじをつける。裏側も同様に。

5. 4でつけた折りすじで、中へ折り込む。裏側も同様に。

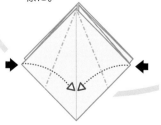

中へ折り込んでいるところ

6. 下の左右の辺を真ん中に合わせて、手前側だけ折りすじをつける。裏側も同様に。

折りやすい
向きにしてOK

めくったら、上の辺に
指を入れる

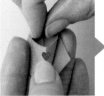

そこから左右に開き
ながら、♥をつぶす

ある程度つぶれたら、
少しずつ形をととのえる

折り目がまっすぐな線
になるように折る

1カ所を折りつぶした
状態。残りも同様に

7.
右側を1枚めくりながら、
上の辺の間に指を入れて
♥の角を折りつぶす。め
くりながら、残りの3カ
所も同様に。

8.
右側を1枚めくる。
裏側も同様にめくる。

9.
下の左右の辺を、真
ん中に合わせて折る。
めくりながら残り3
カ所も同様に。

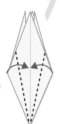

花びらに
なります

つづき

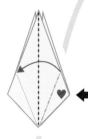

▲のあたりを押さえ
ながら手前を開いた
ところ

右側を開いたところ

10.
▲を軸にして、上
の4つの角を、四
方へ開く。

花びらの
できあがり

カールさせた状態

11.
花びらを竹串で外
側へカールさせる。

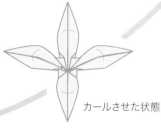

竹串でカールさ
せているところ

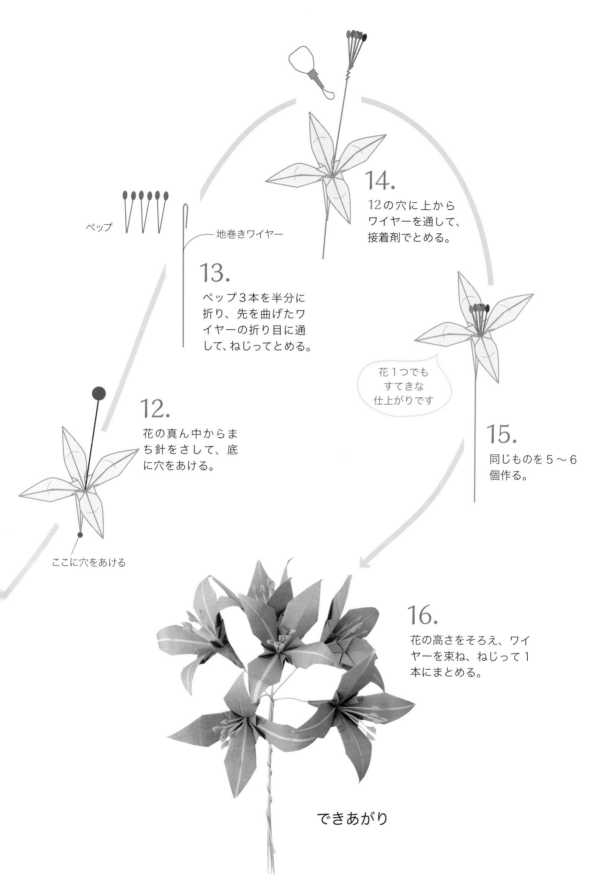

ペップ

地巻きワイヤー

14.
12の穴に上から
ワイヤーを通して、
接着剤でとめる。

13.
ペップ3本を半分に
折り、先を曲げたワ
イヤーの折り目に通
して、ねじってとめる。

12.
花の真ん中からま
ち針をさして、底
に穴をあける。

ここに穴をあける

花1つでも
すてきな
仕上がりです

15.
同じものを5〜6
個作る。

16.
花の高さをそろえ、ワイ
ヤーを束ね、ねじって1
本にまとめる。

できあがり

クリスマスローズ ★★★

シックな色合いと、うつむくように咲く姿の控
えめな美しさが印象的です。五角形に切ったお
りがみで作ります。
＊作り方は p.68〜71

花言葉
私を忘れないで・
追憶・なぐさめ・
不安をとり除いて

ポインセチア ★★★

クリスマスカラーの鉢植えとして人気
で、最近ではピンクや白、黄色なども
出回っています。3パターンのおりが
みを組み合わせて作ります。

＊作り方は p.72 ～ 74

花言葉

祝福・聖夜・清純・
幸運を祈る・博愛

クリスマスローズ

折り方の動画

仕上がりサイズ：10cm 大（15cm おりがみの場合）

使うおりがみ	花びら：自由なサイズ1枚　花芯：花びらの1/4サイズ1枚
材料・道具	はさみ（またはカッター）、接着剤、ピンセット、竹串

Ⓐ 花びら

Ⓐ花びら

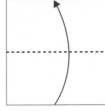

1. 半分に折る。

2. 左の辺を上と下の辺にそれぞれ合わせて、真ん中だけに折りすじをつける。

Ⓑ花芯

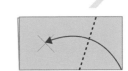

3. 右下の角を、2でつけた折りすじの交点に合わせて折る。

4. 折ったところを、半分に折る。

5. 下の辺を、4で折ったふちに合わせて折る。

五角形ができました

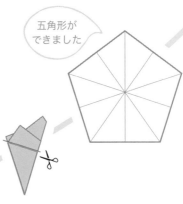

6. 5の合わせ目で向こう側へ折る。

7. いちばん手前側のふちに沿って切り、広げる。

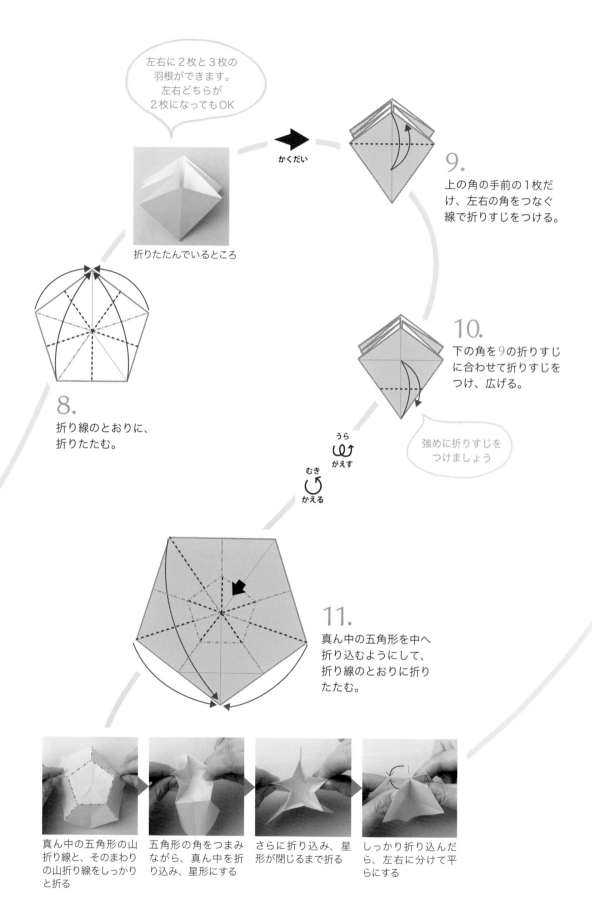

左右に2枚と3枚の
羽根ができます。
左右どちらが
2枚になってもOK

かくだい

9.
上の角の手前の1枚だ
け、左右の角をつなぐ
線で折りすじをつける。

折りたたんでいるところ

8.
折り線のとおりに、
折りたたむ。

10.
下の角を9の折りすじ
に合わせて折りすじを
つけ、広げる。

うら
がえす

むき
かえる

強めに折りすじを
つけましょう

11.
真ん中の五角形を中へ
折り込むようにして、
折り線のとおりに折り
たたむ。

真ん中の五角形の山
折り線と、そのまわり
の山折り線をしっかり
と折る

五角形の角をつまみ
ながら、真ん中を折
り込み、星形にする

さらに折り込み、星
形が閉じるまで折る

しっかり折り込んだ
ら、左右に分けて平
らにする

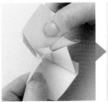   

下の角を開いていると
ころ。浮いてきた左
右の角は、放射状に
広げる

真ん中をつぶしなが
ら、さらに広げていく。
このとき、12で折った
部分が開かないよう
にする

真ん中がきれいな五
角形になるように折り
つぶす

折った状態

13.

♥を前後から押さえながら、
下の角を1枚だけ上に開き、
浮いてくる角を放射状に開
いて五角形にし、真ん中は
五角形に折りつぶす。

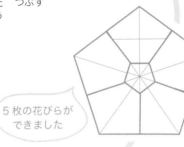

5枚の花びらが
できました

うら
がえす

この辺と
平行に折る

12.

右上の角★を真ん中に
合わせ、折ったところ
が平行になるように折
る。めくりながら、残
りの4カ所も同様に。

つづき

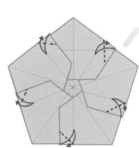

14.

花びらが重なったとこ
ろに、三角に折りすじ
をつける。

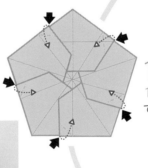

15.

14でつけた折りすじ
で、中へ折り込む。

折り込んだ状態

花びらの
できあがり

16.

花びらの角を、向こう
側へ少し折る。

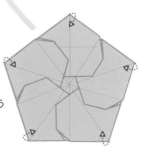 

19.

下を2mmほど残し、1～2mm幅で切り込みを入れる。

1～2mm幅

2mm

折り山のほうを切る

18.

図のように、長さの半分だけ、タテ半分に切る。

17.

半分に折って、接着剤で貼り合わせる。

接着剤

B 花芯

20.

ピンセットで端をつまみ、下のところどころに接着剤をつけながら、きつめに巻いていく。

ピンセットの先に巻きつけていくとやりやすい

接着剤

巻いた状態（上から見たところ）

21.

接着剤が乾いたら、外側の長い花芯を、竹串で外側へカールさせる。

花芯のできあがり

組み立て

22.

花芯の裏に接着剤をつけ、花びらの真ん中に貼る。

23.

花びらが重なったところ★を、少し立たせる。

できあがり

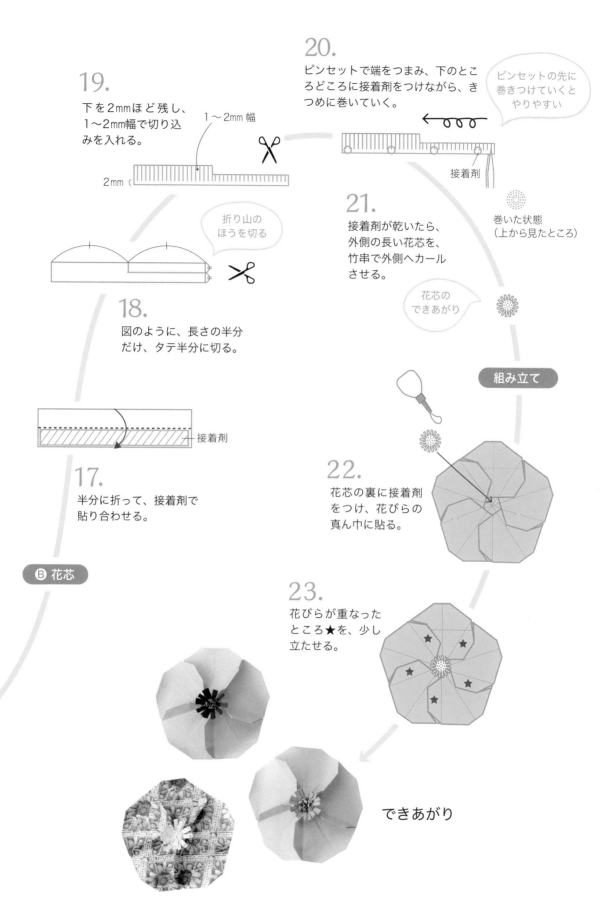

71

ポインセチア

折り方の動画

仕上がりサイズ：16cm大（15cmおりがみの場合）

使うおりがみ	上段の葉：自由なサイズ１枚　下段の葉：上段と同じサイズ２枚 かざりの葉：上段の 1/4 サイズ４枚
材料・道具	接着剤

Ⓐ 上段・Ⓑ 下段の葉

Ⓐ上段の葉

Ⓑ下段の葉

Ⓒかざりの葉

※Ⓐと同じ色で作りますが、図は見やすいように色をかえています

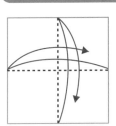

1. タテ・ヨコに折りすじをつける。

うら
がえす

むき
かえる

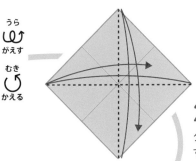

2. タテ・ヨコに折りすじをつける。

うら
がえす

左右の角は
中へ折り込む
（→ p.9）

かくだい

3. 折り線のとおりに、下の角を上の角に合わせて、四角に折りたたむ。

4. 上の左右の辺を真ん中に合わせて、手前側だけ折りすじをつける。裏側も同様に。

5. 4でつけた折りすじで、中へ折り込む。裏側も同様に。

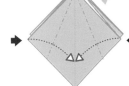
中へ折り込んでいるところ

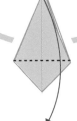

6. 上の角を手前側だけ、下へ折る。裏側も同様に。

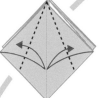
折りすじをつけているところ

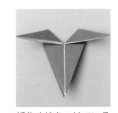

7. 上の三角の内側の辺★をそれぞれ、真ん中の折りすじに合わせて、ななめに折りすじをつける。

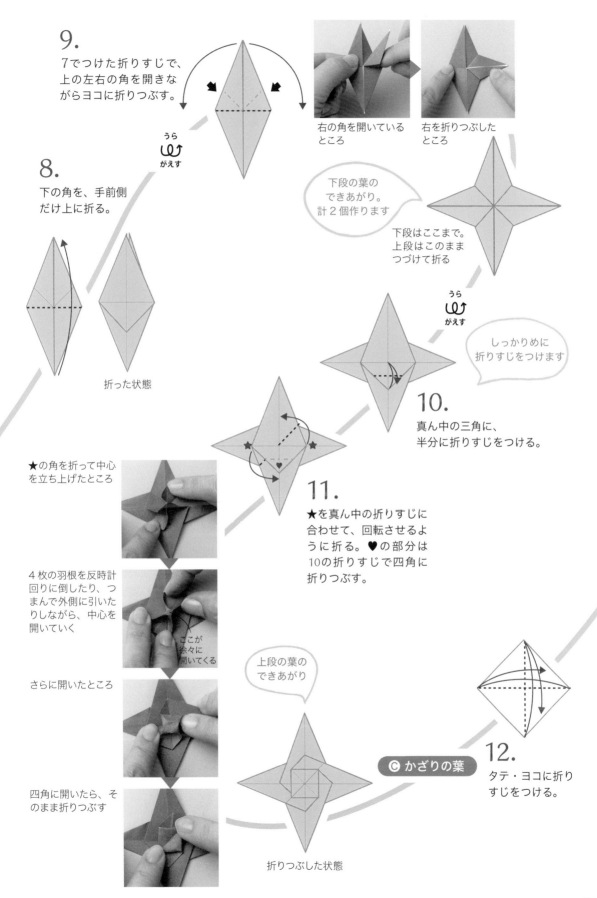

9.
7でつけた折りすじで、上の左右の角を開きながらヨコに折りつぶす。

うら
がえす

右の角を開いているところ

右を折りつぶしたところ

下段の葉のできあがり。計2個作ります

下段はここまで。上段はこのままつづけて折る

8.
下の角を、手前側だけ上に折る。

折った状態

うら
がえす

しっかりめに折りすじをつけます

10.
真ん中の三角に、半分に折りすじをつける。

★の角を折って中心を立ち上げたところ

4枚の羽根を反時計回りに倒したり、つまんで外側に引いたりしながら、中心を開いていく

ここが徐々に開いてくる

11.
★を真ん中の折りすじに合わせて、回転させるように折る。♥の部分は10の折りすじで四角に折りつぶす。

さらに開いたところ

四角に開いたら、そのまま折りつぶす

上段の葉のできあがり

◎ かざりの葉

折りつぶした状態

12.
タテ・ヨコに折りすじをつける。

折った状態

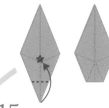

**うら
がえす**

16. 同じものを計4
個作る。

15. 下の角を、★に
合わせて折る。

かざりの葉の
できあがり

14. 下の左右の辺を、
真ん中に合わせ
て折る。

組み立て

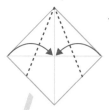

13. 上の左右の辺を、
真ん中に合わせ
て折る。

17. 上段の真ん中の四角
の下に、かざりの葉
を4枚差し込み、接
着剤でとめる。

つづき

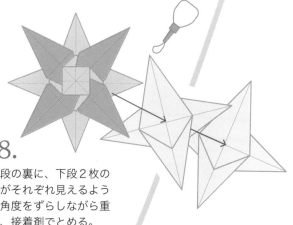

18. 上段の裏に、下段2枚の
葉がそれぞれ見えるよう
に角度をずらしながら重
ね、接着剤でとめる。

できあがり

裏

プリムラ ★

2色のコントラストが、シンプルな形に映える
花。小さな鉢で冬の園芸店を彩ります。中心の
模様部分は、花びらと別のおりがみを合わせて
います。
＊作り方は p.76 〜 77

花言葉
快活・富貴・
永続する愛情・
神秘な心

プリムラ

仕上がりサイズ：5cm大

使うおりがみ	花びら：3cm四方（15cmおりがみの1/25サイズ）5枚 模様（花びらの中央部分）：1.5cm四方（花びらのおりがみの1/4サイズ）5枚
材料・道具	台紙（直径2cmの厚紙）、接着剤

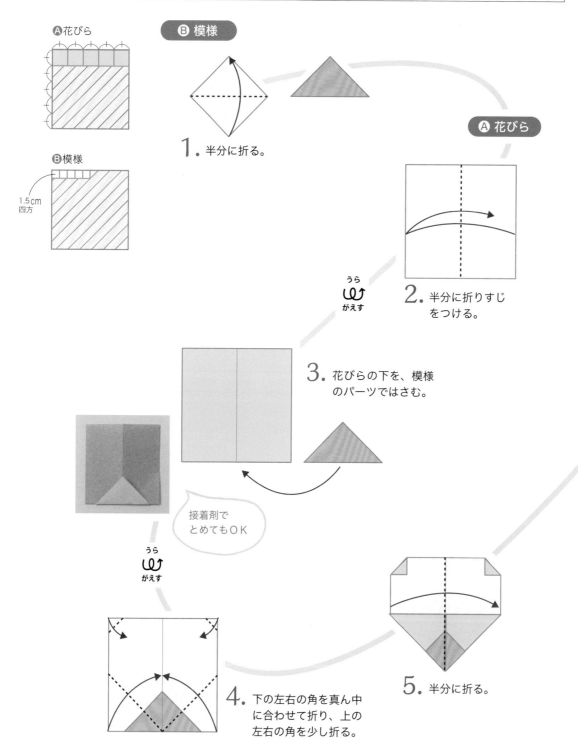

Ⓐ花びら

Ⓑ模様

Ⓑ模様

1.5cm
四方

Ⓑ 模様

1. 半分に折る。

Ⓐ 花びら

うら
がえす

2. 半分に折りすじ
をつける。

3. 花びらの下を、模様
のパーツではさむ。

うら
がえす

接着剤で
とめてもOK

4. 下の左右の角を真ん中
に合わせて折り、上の
左右の角を少し折る。

5. 半分に折る。

花びらの
パーツの
できあがり

組み立て

8. 台紙に接着剤をぬり、
花びらを少し広げて
放射状にすき間なく
貼る。

7. 同じものを計5個作る。

接着剤が乾く前に
すべて貼り、
微調整しましょう

接着剤

6.
左上の角を、少し中
へ折り込む。

花びら1枚を少し
広げて貼ったところ

5枚すべて、おお
よその位置に貼っ
たところ

接着剤が乾く前に
位置や花びらの開
き加減を微調整し
て、バランスを
ととのえる

できあがり

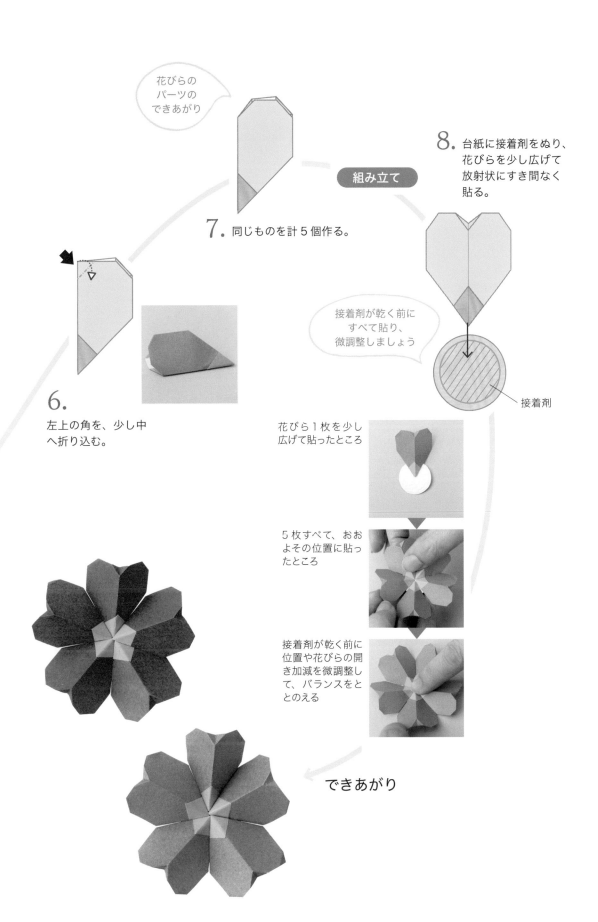

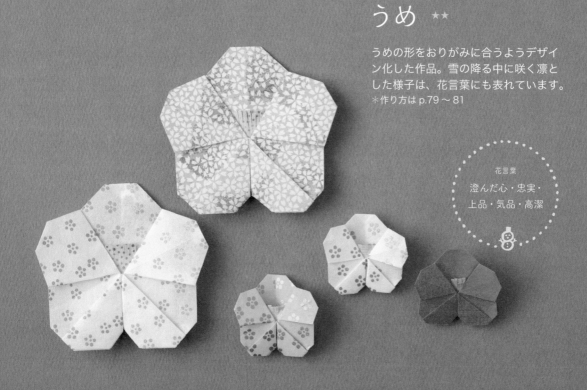

うめ ★★

うめの形をおりがみに合うようデザイン化した作品。雪の降る中に咲く凛とした様子は、花言葉にも表れています。
＊作り方は p.79～81

花言葉
澄んだ心・忠実・
上品・気品・高潔

つばき ★★

日本で古くから愛され、平安時代には招福・吉兆の木とされていました。花芯のまわりに丸みのある花びらをつけて作ります。
＊作り方は p.82～83

花言葉
理想の愛・謙遜・
控えめなすばらしさ

うめ

仕上がりサイズ：9cm大（15cmおりがみの場合）

使うおりがみ	花びら：自由なサイズ1枚　花芯：花びらの1/30サイズ1枚
材料・道具	はさみ、接着剤

※花びらを15cm折り紙で作る場合、花芯は5×1.5cm。

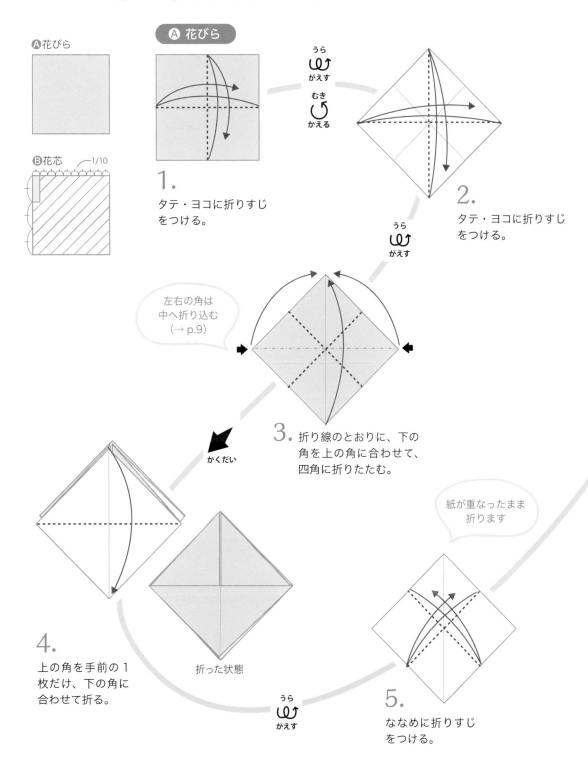

Ⓐ花びら

Ⓑ花芯　　1/10

Ⓐ 花びら

1. タテ・ヨコに折りすじ
をつける。

2. タテ・ヨコに折りすじ
をつける。

左右の角は
中へ折り込む
（→ p.9）

3. 折り線のとおりに、下の
角を上の角に合わせて、
四角に折りたたむ。

かくだい

4. 上の角を手前の1
枚だけ、下の角に
合わせて折る。

折った状態

紙が重なったまま
折ります

5. ななめに折りすじ
をつける。

うら
がえす

むき
かえる

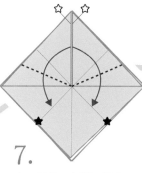

7.
上の三角の内側の辺☆
をそれぞれ、折りすじ
★に合わせて折る。

8.
7 で折った部分に、
半分に折りすじをつける。

うら
がえす

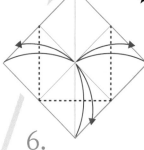

6.
左右と下の角を真ん中
に合わせて、手前側だ
け折りすじをつける。

つづき

袋を開いているところ

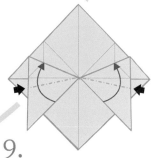

9.
外側から袋を開き、8 の
折りすじで折りつぶす。

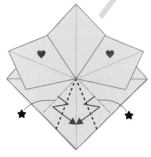

10.
下の左右の辺を手前側から 2 枚つま
み（1 枚残る）、折りすじ★を真ん
中の折りすじに合わせて放射状の段
折りにする。♥の形と位置はそのま
まに、浮いた部分を折りつぶす。

★を真ん中の折りす
じに向けているところ

放射状の段折りにし
たところ

浮いた部分を折りつ
ぶしているところ

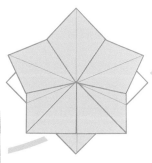

うら
がえす

左右とも折った状態

80

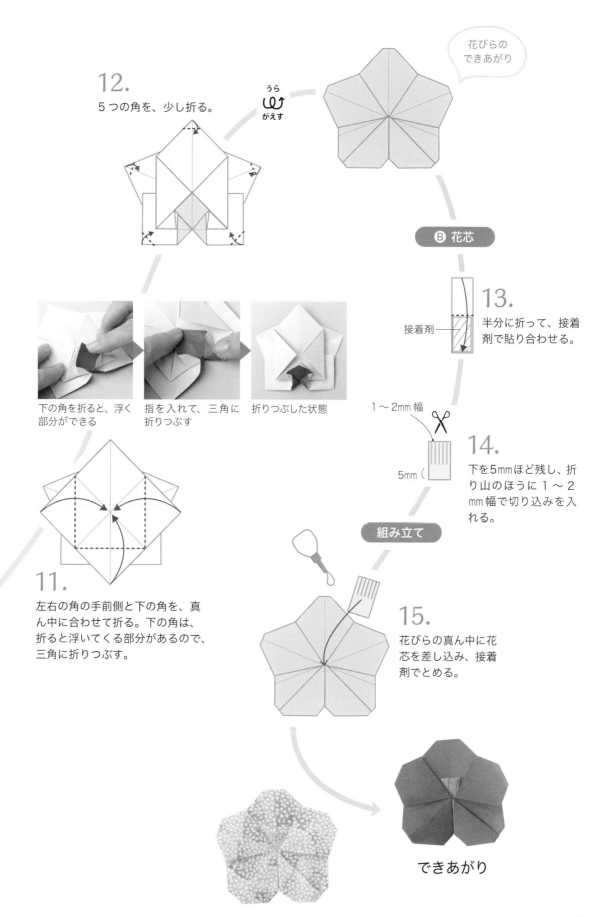

12.

5つの角を、少し折る。

うら
がえす

花びらの
できあがり

下の角を折ると、浮く
部分ができる

指を入れて、三角に
折りつぶす

折りつぶした状態

11.

左右の角の手前側と下の角を、真
ん中に合わせて折る。下の角は、
折ると浮いてくる部分があるので、
三角に折りつぶす。

Ⓑ 花芯

13.

半分に折って、接着
剤で貼り合わせる。

接着剤

1～2mm幅

5mm（

14.

下を5mmほど残し、折
り山のほうに1～2
mm幅で切り込みを入
れる。

組み立て

15.

花びらの真ん中に花
芯を差し込み、接着
剤でとめる。

できあがり

つばき

仕上がりサイズ：5cm大

使うおりがみ	花びら：5cm四方（15cmおりがみの1/9サイズ）5枚 花芯：5×15cm（15cmおりがみの1/3サイズ）1枚
材料・道具	はさみ、接着剤、ピンセット、竹串

Ⓐ 花びら

Ⓐ花びら

Ⓑ花芯

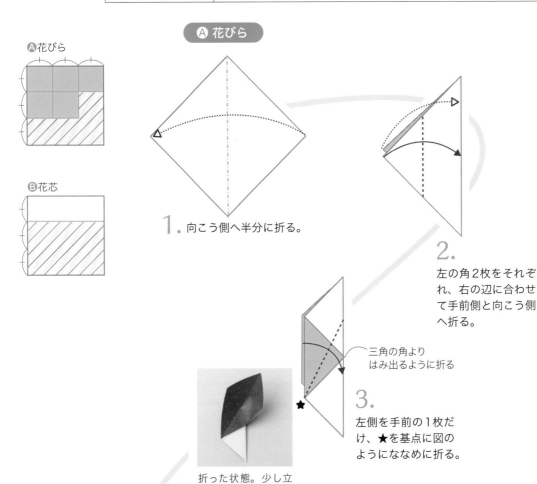

1. 向こう側へ半分に折る。

2. 左の角2枚をそれぞれ、右の辺に合わせて手前側と向こう側へ折る。

三角の角よりはみ出るように折る

3. 左側を手前の1枚だけ、★を基点に図のようにななめに折る。

折った状態。少し立体的になる

うら
がえす

4. ①右下の辺★を、♥の左下のふちに合わせて折り、②その合わせ目で折りながら♥の内側に入れる。

折った状態

うら
がえす

花びらのパーツのできあがり

5. 同じものを計5個作る。

7.

下を 5mm ほど残し、折り山のほうに 1～2mm 幅で切り込みを入れる。

折り山のほうを切ります

1～2mm 幅

5mm（

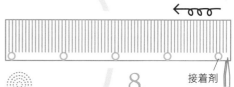

ピンセットの先に巻きつけていくとやりやすい

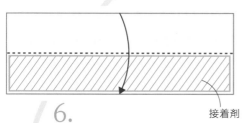

6.

半分に折って、接着剤で貼り合わせる。

接着剤

巻いた状態
（上から見たところ）

8.

ピンセットで端をつまみ、下のところどころに接着剤をつけながら、きつめに巻いていく。

接着剤

Ⓑ 花芯

9.

接着剤が乾いたら、花芯を内側へカールさせる。

組み立て

花芯のできあがり

10.

花びらの下の部分に接着剤をぬり、花芯の側面に花びら 5 枚を均等に貼る。

花びらに接着剤をつけたところ

花芯の側面に、底に合わせて花びらを貼る

指で押さえ、花びらを外側へ軽く広げる

同様に 5 枚すべて貼っていく

できあがり

かすみそう ★★

ブーケのあしらいとしておなじみ
の、ふんわりした小花。ワイヤー
でいくつもの花をつなげると、本
物のようです。

＊作り方は p.86〜87

ばら ★★★

幾重もの花びらがゴージャスな、
愛や美を象徴する花。花びらの重
なりをシンプルに表現した、愛ら
しい作品です。
＊作り方は p.88〜89

花言葉
愛・美・情熱・貞節・
内気な恥ずかしさ

かすみそう

仕上がりサイズ：花2cm大

使うおりがみ	3cm四方（15cmおりがみの1/25）9枚
材料・道具	はさみ、まち針（穴あけ）、地巻ワイヤー（＃28）9cm9本、接着剤

＊おりがみのサイズは、かすみそうらしい形をつくるためのおすすめのサイズです。
　大きめのサイズで作る場合は、地巻ワイヤーの太さや長さを調整してください。

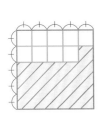

1. タテ・ヨコに折りすじをつける。

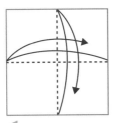

うら
がえす

むき
かえる

2. タテ・ヨコに折りすじをつける。

うら
がえす

左右の角は
中へ折り込む
（→ p.9）

3. 折り線のとおりに、下の角を上の角に合わせて、四角に折りたたむ。

かくだい

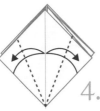

4. 下の左右の辺を真ん中に合わせて、手前側だけ折りすじをつける。裏側も同様に。

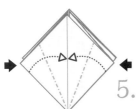

5. 左右の角を、4でつけた折りすじで中へ折り込む。裏側も同様に。

折り込んでいるところ

7. 6で折った三角のふちに沿って、重なっている部分をすべて切り外す。

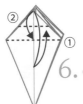

②
①

6. ①上の角の手前の1枚だけ、左右の角をつなぐ線で折りすじをつけ、②①の折りすじに合わせて折る。

手前の1枚をめくっているところ

左右3枚ずつある羽根の真ん中を、広げて折りつぶす

残った羽根を、折りつぶしたふちに沿って立たせる

立たせているところ

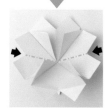

左右に広げた羽根を、少し折り戻して、自然なひだにする

9.
上の手前の1枚を、8の折りすじ▲を軸にめくり、浮いてくる部分を広げて折りつぶす。同じものを計9個作る。

花のできあがり。これだけでもかわいい♪

8. 下の角を★に合わせて、折りすじをつける。

地巻きワイヤー

ここに穴をあける

10.
花の真ん中にまち針をさして、底に穴をあける。

11.
10の穴に、先を少し丸めたワイヤーを通して接着剤でとめる。同じものを計9個作る。

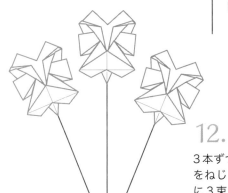

12.
3本ずつ束ね、ワイヤーをねじってとめ、さらに3束をまとめてねじり合わせる。

できあがり

ばら

仕上がりサイズ：8cm大（15cmおりがみの場合）

使うおりがみ	自由なサイズ1枚
材料・道具	なし

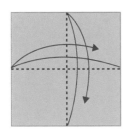

1. タテ・ヨコに折り
すじをつける。

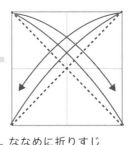

2. ななめに折りすじ
をつける。

> 左右の辺は中へ
> 折り込みます

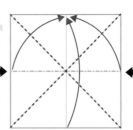

3.
折り線のとおりに、
下の辺を上の辺に合
わせて、三角に折り
たたむ。

5.
下の角を4の折りすじに合
わせて、折りすじをつける。

> 強めに折りすじを
> つけましょう

4.
半分に折りすじを
つける。

6.
上の辺の手前の1
枚だけ、4の折り
すじで折り、浮い
てきた部分を三角
に折りつぶす。

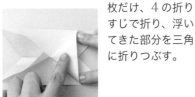

浮いた部分を折りつ
ぶしているところ

折りつぶした状態

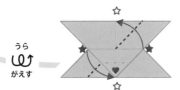

7.
★を真ん中の折りすじ☆に合わ
せて、回転させるように折る。
♥の部分は5の折りすじで四
角に折りつぶす。

★の角を折って中心
を立ち上げたところ

4枚の羽根を反時計
回りに倒したり、つ
まんで外側に引いた
りしながら、中心を開
いていく

さらに開いたところ

四角に開いたら、そ
のまま折りつぶす

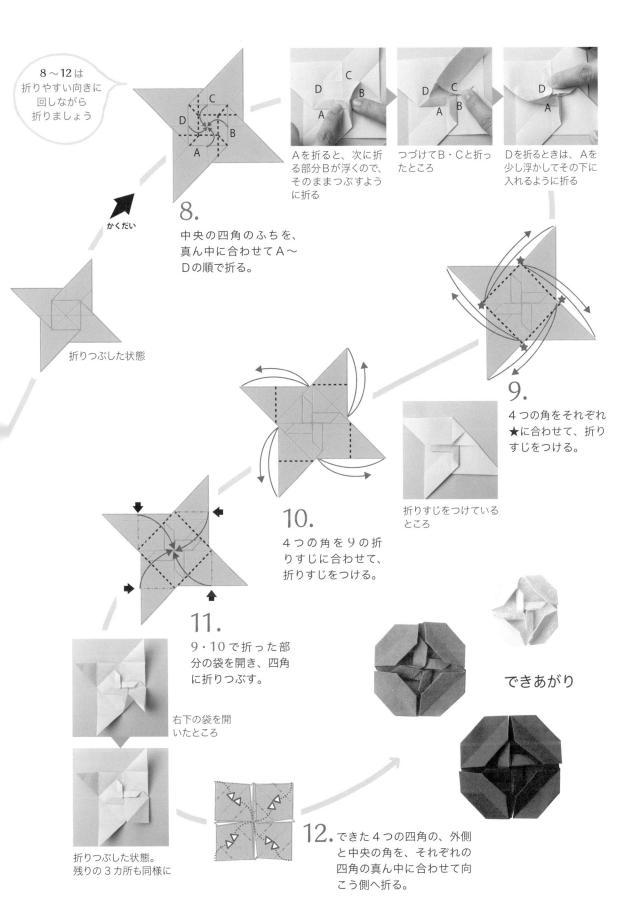

8〜12は
折りやすい向きに
回しながら
折りましょう

かくだい

A を折ると、次に折
る部分 B が浮くので、
そのままつぶすよう
に折る

つづけて B・C と折っ
たところ

D を折るときは、A を
少し浮かしてその下に
入れるように折る

8.
中央の四角のふちを、
真ん中に合わせて A 〜
D の順で折る。

折りつぶした状態

9.
4 つの角をそれぞれ
★に合わせて、折り
すじをつける。

折りすじをつけている
ところ

10.
4 つの角を 9 の折
りすじに合わせて、
折りすじをつける。

11.
9・10 で折った部
分の袋を開き、四角
に折りつぶす。

右下の袋を開
いたところ

折りつぶした状態。
残りの 3 カ所も同様に

12.
できた 4 つの四角の、外側
と中央の角を、それぞれの
四角の真ん中に合わせて向
こう側へ折る。

できあがり

89

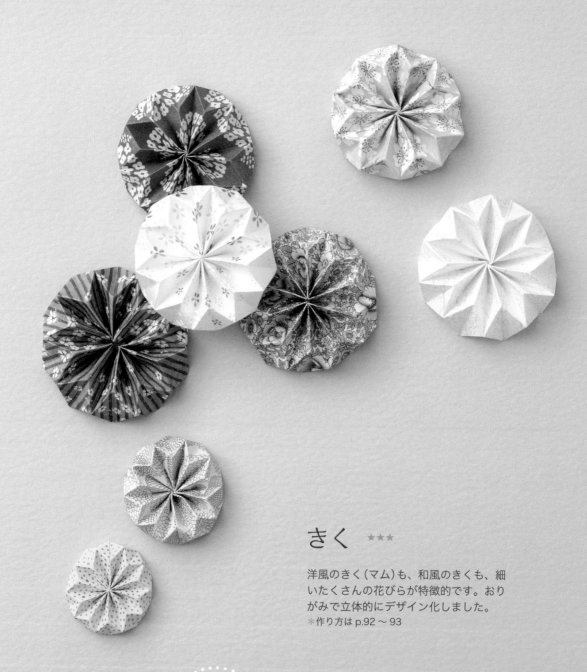

きく ★★★

洋風のきく（マム）も、和風のきくも、細いたくさんの花びらが特徴的です。おりがみで立体的にデザイン化しました。

※作り方は p.92 〜 93

花言葉
高貴・誠実・真の愛・
清浄・生命力

パンジー ★★

花名はフランス語の「もの思い」を意味する「パンセ」から。小さいおりがみで作れば、同形の小花「ビオラ」にもなります。
＊作り方は p.94 ～ 95

きく

折り方の動画

仕上がりサイズ：6cm大（4 × 22cmおりがみの場合）

使うおりがみ	タテ・ヨコの比率が 2：11 になるサイズ 1 枚 （たとえば、手順 1 の折り幅を 2cm にすれば 4 × 22cm。15cm おりがみを接着剤やマスキングテープでつなげて長くするのも OK）
材料・道具	定規、鉛筆、接着剤、マスキングテープ

1. タテ 11 等分に折りすじをつける。

うら
がえす

2. 1 の折りすじの間に、折りすじをつける。

うら
がえす

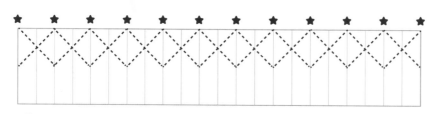

3. ★を基点に、2 列分ずつななめに折りすじをつける。

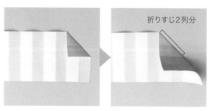

端から折りすじをつけているところ

折りすじ2列分

4. 折り線のとおりに折りたたむ。

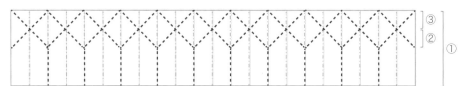

③
②
①

①まず、じゃばらに
折りたたむ

②下側の折り線で折っていく。
折るとカギ形になる

すべてカギ形に
折ったところ

③たたんだ根元を持ちながら、
角を三角に折り込む

折り線どおりに折り、
手を離したところ

むき
↻
かえる

うら
ʬ
がえす

接着剤

5. 端の、タテの折りすじ2列分に接着
剤をつけ、輪にしてとめる。

輪にしているところ

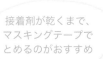

接着剤が乾くまで、
マスキングテープで
とめるのがおすすめ

できあがり

じゃばらの上の辺を
真ん中に集めて
すぼめる

同時に下側は外へ
広げる

一度しっかり形を
作ってから、中心に
接着剤をつけてとめる

6. 上のすべての辺が真ん中に集まるようにすぼめて、
下側は外へ広げる。中心部分を接着剤でとめる。

パンジー

仕上がりサイズ：11cm大（15cmおりがみの場合）

使うおりがみ	自由なサイズ1枚
材料・道具	色鉛筆（なくてもOK）

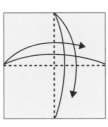

1. タテ・ヨコに折りすじ
をつける。

うら
がえす

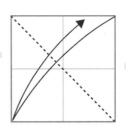

2. 図のように、ななめに
折りすじをつける。

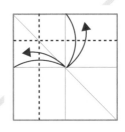

3.
上と左の辺を真ん中
に合わせて、折りす
じをつける。

①の段折りをしている
ところ

折ったあと
時計回りに
90度回転

②の段折りをしている
ところ

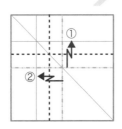

4. 3でつけた折りすじに
合わせて、それぞれ段
折りにする。

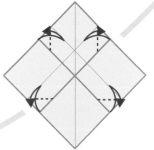

むき
かえる

うら
がえす

5. 重なった部分の角
に、三角に折りす
じをつける。

折った状態

かくだい

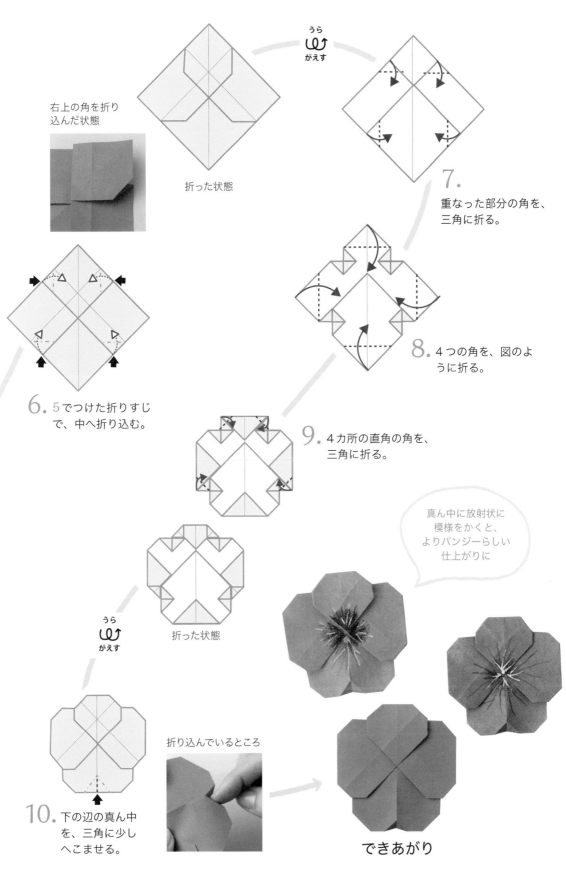

右上の角を折り
込んだ状態

折った状態

7. 重なった部分の角を、
三角に折る。

6. 5でつけた折りすじ
で、中へ折り込む。

8. 4つの角を、図のよ
うに折る。

9. 4カ所の直角の角を、
三角に折る。

折った状態

真ん中に放射状に
模様をかくと、
よりパンジーらしい
仕上がりに

うら
がえす

10. 下の辺の真ん中
を、三角に少し
へこませる。

折り込んでいるところ

できあがり

95

丸いはっぱ

はっぱ

3 種のはっぱ ★★

シンプルな形の「はっぱ」、丸葉ユー
カリをイメージした「丸いはっぱ」、
ハート形のパーツをつなげてライン状
にした「ハートのはっぱ」の 3 種類を
紹介します。
＊作り方は p.97～100

ハートのはっぱ

3種のはっぱ

仕上がりサイズ：はっぱ：10.5cm大　丸いはっぱ：葉7cm大
　　　　　　　　ハートのはっぱ：葉4cm大（いずれも 7.5cm おりがみの場合）

使うおりがみ	はっぱ：自由なサイズ 1 枚　丸いはっぱ：自由なサイズ 3 枚、ハートのはっぱ：自由なサイズの 1/2 サイズを 4〜6 枚
材料・道具	はっぱ：なし　丸いはっぱ：地巻ワイヤー（♯28）6 cm 3 本、接着剤 ハートのはっぱ：地巻ワイヤー（♯28）12cm 1 本、接着剤

＊ワイヤーの長さ・太さは、「丸いはっぱ」「ハートのはっぱ」とも、7.5cm大のおりがみで折った場合の参考です。
　使うおりがみのサイズによって調整してください。

はっぱ

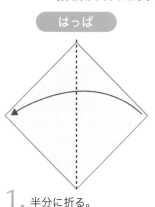

1. 半分に折る。

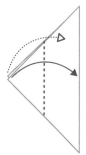

2. 左の角 2 枚をそれぞれ、右の辺に合わせて手前側と向こう側へ折る。

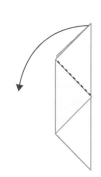

3. 上の三角を、2 で折ったふちで折る。

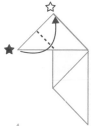

4. 左に出た角★を、上の角☆に合わせて折る。

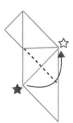

5. 左下の角★を、右上の角☆に合わせて折る。

6. 半分に折り、3 の形まで戻す。

できあがり

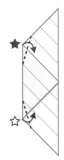

7. 左の 2 つの角を手前側だけ、少し折る。裏側も同様に。

8. 左側をめくり、広げる。

丸いはっぱ

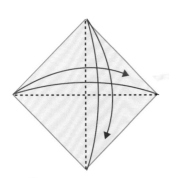

1. タテ・ヨコに折りす
じをつける。

うら
がえす

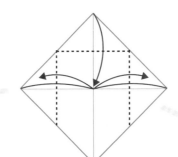

2. 上の角を真ん中に合
わせて折り、左右の
角を真ん中に合わせ
て折りすじをつける。

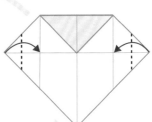

3.
左右の角を、2
の折りすじに合
わせて折る。

4. 上の左右の角を
少し折る。

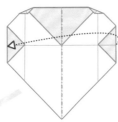

5. 向こう側へ半分
に折る。

6. ▲を基点にして、
その下の辺を★に
合わせて、折りす
じをつける。

折りすじをつけて
いるところ

7. 下の角を、▲を基点に 6 の
折りすじに合わせて折る。

接着剤

地巻きワイヤー

8. 図のように接着剤をぬり、
ワイヤーを置き、折りす
じで折ってとめる。

ハートのはっぱ

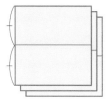

4〜6枚
（正方形の状態で2〜3枚）

1. タテ・ヨコに折りすじをつける。

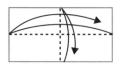

折る位置によって、
ハートの形が
少し変わります

2. 4つの角を、真ん中に合わせて折る。

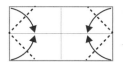

3. 左右の角を、少し折る。

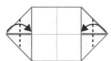

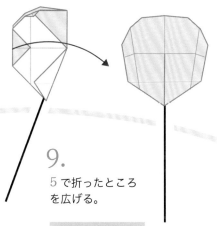

9. 5で折ったところを広げる。

ぷっくりと、少し立体的な形になります

10. 同じものを計3個作って束ね、ねじってとめる。

できあがり

4. 半分に折る。

5. 下の左右の角を、真ん中に合わせて折る。

葉のできあがり

6.
同じものを
4～6個作る。

組み立て

接着剤

8.
葉を5の形に戻し、接着剤をぬってからワイヤーの曲げた部分をのせ、閉じる。

1cm

地巻きワイヤー

7. ワイヤーの先を1cm
分、ななめに曲げる。

たくさん作って
つなげてもOK

2mm

接着剤

9.
次の葉は、8と同様に接着剤をぬってから、真ん中にワイヤーを置いて閉じる。2mmほど間をあけて、4～6枚つなげる。

できあがり

Part 2

花おりがみの
雑貨アイデア

Part 1 の花おりがみを使って作る
年中行事やイベント、お祝いのときに使える小物、
かざったり贈ったりできる雑貨などのアイデアがいっぱいです。

ひな祭りの花かざり

ひな祭りにかざられる、ちりめん細工の吊る
しびなをイメージした作品です。ひな人形と
いっしょにかざっても、すてきです。
＊作り方は p.104

春のコサージュ

春の花モチーフ2つをコサージュ
にしてみました。おりがみの色柄
を変えて作ると、上品な華やかさ
が演出できます。
※作り方は p.104 〜105

花見弁当の
はし袋

花見は春ならではのイベント。
はし袋をちょっとおしゃれに
アレンジすれば、ワクワク気
分がもっと盛り上がりそう。
※作り方は p.105

ひな祭りの花かざり

仕上がりサイズ：タテ 48×ヨコ 11cm

使うモチーフ	・p.79 うめ（花びら：15cm 四方 1 枚、 　花芯：5×1.5cm 1 枚）…2 個 ・p.22 きんぽうげ（7.5cm 四方 1 枚）…2〜3 個 ・p.97 はっぱ（5cm 四方 1 枚）…2 枚
材料・道具	ひも 60cm、ビーズ（ひもが通るもの）1 個、 接着剤、マスキングテープ

1.

ひもにビーズを通し、
先を結んでとめる。

2.

うめときんぽうげを、
5cmほど間をあけなが
ら、ひもに接着剤でつ
け、乾くまでマスキン
グテープで仮どめする。

3.

はっぱを、うめの後ろ
側に接着剤でつけ、乾
くまでマスキングテー
プで仮どめする。

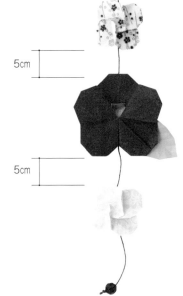

5cm

5cm

春のコサージュ

仕上がりサイズ：ポピーのコサージュ タテ 11×ヨコ 7.5cm、
　　　　　　　　ライラックのコサージュ タテ 10×ヨコ 6.5cm（ともにリボンの長さを除く）

使うモチーフ	【ポピーのコサージュ】 ・p.15 ポピー（花びら：5cm 四方 1 枚、花芯：1×7.5cm1 枚）…5 個 【ライラックのコサージュ】 ・p.28 ライラック（3.75cm 四方 1 枚）…7 個
材料・道具 （コサージュ 1 つあたり）	おりがみ（茎用、2×7.5cm）3 枚、 厚紙・フェルト（4×4.5cm）各 1 枚、ブローチ用ピン 1 個、リボン 適宜、 竹串、はさみ、針と糸、接着剤、マスキングテープ

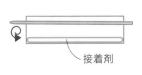

接着剤

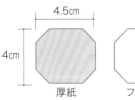

4.5cm

4cm

厚紙　　　　　フェルト

1.
茎用のおりがみを、竹
串を芯にして細く巻き、
端を接着剤でとめる。

2.
竹串を抜くと、茎ので
きあがり。コサージュ
1 つあたり 3 本作る。

3.
厚紙とフェルトを、図
のように切る。

花見弁当のはし袋

仕上がりサイズ：14×5cm

使うモチーフ	・p.20 ネモフィラ（3cm四方5枚、ペップ3本）…1個
材料・道具	和紙やおりがみ（15cm四方、5cm四方）各1枚、水引12cm2本、マスキングテープ、両面テープ

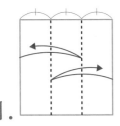

1. 15cm四方の紙に1/3に折りすじをつける。

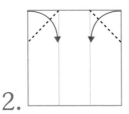

2. 上の左右の角を、折りすじに合わせて折る。

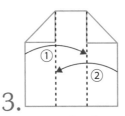

3. 折りすじで、①→②の順で折る。

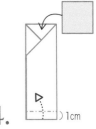

4. 下の辺を、1cmほど向こう側へ折り、5cm四方の和紙を差し込む。

むき
かえる

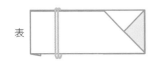

表

裏

5. 水引を2本、4で折ったほうに巻き、裏でマスキングテープでとめる。

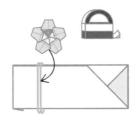

6. 水引の上に、ネモフィラを両面テープで貼る。

4. フェルトの真ん中に、ブローチ用ピンを糸で縫いつける。

5. 厚紙に、茎を3本接着剤で貼り、乾くまでマスキングテープで仮どめする。

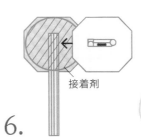

接着剤

6. 接着剤が乾いたらマスキングテープを外し、接着剤でフェルトを貼る。

花やリボンは、自由にアレンジしましょう

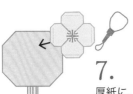

7. 厚紙に、ポピーまたはライラックを、バランスよく接着剤で貼る。

8. 茎にリボンを結ぶ。

母の日のリース

けいとうをカーネーションに見立てた
リースです。土台は「ハートのはっぱ」
6本を組み合わせ、縦長の六角形の形に。

母の日のリース

仕上がりサイズ：タテ 17×ヨコ 11cm

使うモチーフ	・p.24 スイートピー（5cm 四方 1 枚）…2 個 ・p.56 けいとう（7.5cm 四方 1 枚）…4 個 ・p.97 ハートのはっぱ（2.5×5cm 4 枚、地巻ワイヤー [♯28] 9cm 1 本）…6 本
材料・道具	地巻ワイヤー（♯ 28）9cm 1 本、接着剤、マスキングテープ

1.

ワイヤーの真ん中を輪にして、図のようにねじっておく。

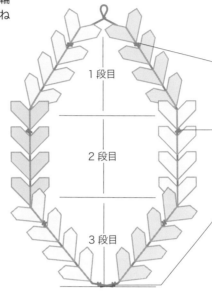

1 のワイヤーの先を、1 段目の葉の 1 枚目の下にねじってとめる

1 段目の下から出ているワイヤーを、2 段目の葉の 1 枚目の下にねじってとめる

3 段目同士のワイヤーをねじってとめる。長い場合は切る

1 段目

2 段目

3 段目

2.

1 とハートのはっぱ 6 本を、図のようにつなげてリース状にする。

3.

けいとうとスイートピーを、図のように接着剤でつける。乾くまでマスキングテープで仮どめする。

けいとうやスイートピーを好みの花にかえても OK です

父の日の
ギフトラッピング

シャープな花びらのクレマチスは甘くなりすぎず、
父の日のプレゼントかざりにぴったりです。
＊作り方は p.110

暑中見舞い

夏のごあいさつに花おりがみをつ
けて送ってみてはいかがでしょう。
もらった人はきっとハッピーな気
分になるはず。
　＊作り方は p.110 ～ 111

ハーバリウム

ガラスの中におりがみの植物を閉じ込めて、涼し気なハーバリウムに仕立てました。おりがみの色や柄しだいで、雰囲気がガラリと変わるおもしろさも。

※作り方は p.111

父の日のギフトラッピング

仕上がりサイズ：クレマチス〈大〉8cm大、〈小〉6cm大、はっぱ5cm大

使うモチーフ	・p.34クレマチス〈大〉(花びら：5cm四方5〜6枚、花芯：3.75×15cm 1枚)…2個 〈小〉(花びら：3.75cm四方5〜6枚、花芯：2×7.5cm 1枚)…1個 ・p.97 はっぱ (3.75cm四方1枚)…2枚
材料・道具	箱、リボン、セロハンテープ(なくてもOK)、両面テープ

※写真の箱はタテ11×ヨコ16×高さ16cm。モチーフのサイズや個数は箱の大きさによって調整を。

1. 箱にリボンを巻き、結ぶかテープなどでとめる。

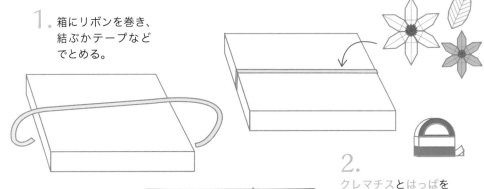

2. クレマチスとはっぱをバランスよく配置し、両面テープでとめる。

リボンはヨコに巻くだけでも、クロスにしても、お好みで

暑中見舞い

仕上がりサイズ：ばら〈大〉4cm大、〈小〉2.5cm大、
ハートのはっぱ(葉単体)〈大〉2cm大、〈小〉1.5cm大、インパチェンス3cm大

使うモチーフ	【ばらの暑中見舞い】 ・p.88 ばら〈大〉(7.5cm四方1枚)…1個 〈小〉(5cm四方1枚)…2個 ・p.97 ハートのはっぱ 〈大〉(1.9×3.75cm 1枚)…1枚 〈小〉(1.5×3cm 1枚)…2枚 【インパチェンスの暑中見舞い】 ・p.32 インパチェンス (5cm四方1枚)…3個
材料・道具	無地のカード、接着剤、はさみ、色鉛筆やペン

1. ばら、ハートのはっぱ、インパチェンスなどのモチーフを、バランスよくカードに接着剤で貼る。

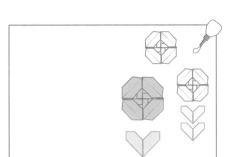

ハーバリウム

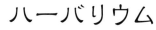

仕上がりサイズ：ゆり1本タテ12×ヨコ7.5cm、ほおずき〈大〉5cm大、〈小〉4cm大

使うモチーフ	・p.38 ゆり（花：7.5cm四方6枚、葉：5×2.5cm 2枚、 　地巻ワイヤー〈♯28〉12cm 3本）…1本 ・p.48 ほおずき〈大〉（実：6×18cm 1枚、茎：1×2cm 1枚）…2個 　〈小〉（実：5×15cm 1枚、茎：1×2cm 1枚）…2個
材料・道具	ハーバリウムの容器（ゆり用には、コルクのふたのものがおすすめ）

※ゆりの容器は直径7×高さ17cm、ほおずきの容器（ガラス）は直径8×高さ8cm。

ゆりのハーバリウム

ゆりのワイヤーをコルクのふたにさし、ガラスの容器をかぶせる。

ほおずきのハーバリウム

台にほおずきを盛り、ガラスの容器（またはドームなど）をかぶせる。ガラスに入れて、台でふたをしてひっくり返してもOK。

作品の大きさや個数は、
容器のサイズなどに
合わせて調整を

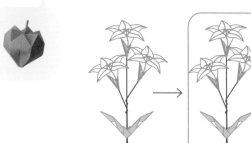

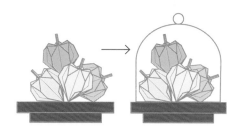

郵送するときは、
封筒に入れて
送りましょう

2.

カードの角をモチーフ
に沿わせてカットし、
メッセージなどをかく。

花かざりの
うちわ

夏の暑さをやわらげてくれるうちわに、花おりがみをかざってみましょう。いやな暑さをさわやかに吹き飛ばしてくれそうですね。

仕上がりサイズ：ひまわり〈大〉7cm 大、〈小〉5cm 大、ポピー 2.5cm 大、はっぱ〈大〉7cm 大、〈小〉5.5cm 大	
使うモチーフ	・p.44 ひまわり〈大〉（花びら：7.5cm 四方 4 枚、花芯：7.5cm 四方 1 枚）…1 個 〈小〉（花びら：5cm 四方 4 枚、花芯：5cm 四方 1 枚）…1 個 ・p.15 ポピー（花びら：3.75cm 四方 1 枚、花芯：1×5cm 1 枚）…3 個 ・p.97 はっぱ〈大〉（5cm 四方 1 枚）…2 枚 〈小〉（3.75cm 四方 1 枚）…1 枚
材料・道具	うちわ、接着剤

※写真のうちわの扇面は 22cm 大。花の数や大きさはうちわに合わせて調整しましょう。

うちわの上で、ひまわり、はっぱ、ポピーの
配置を決めてから、接着剤で貼る。

重陽の
節句かざり

9月9日の重陽の節句では、きくにちなんだ行事が行われます。
部屋にもきくをかざって、季節の節目を感じてみては。
※作り方は p.114

花のしおり

読書の秋に、花のしおりを作ってみませんか？　メッセージをかいて、本といっしょに贈ってもいいですね。
※作り方は p.114

重陽の節句かざり

仕上がりサイズ：きく〈大〉6cm 大、〈中〉4.5cm 大、〈小〉4cm、くじゃくそう 3.5cm 大

使うモチーフ	・p.92 きく（〈大〉4 × 22cm、〈中〉3 × 16.5cm、〈小〉2.5 × 13.75cm 各 1 枚） 　…箱の大きさに合わせて適宜用意 ・p.54 くじゃくそう（花びら：5 × 15cm 1 枚、花芯：2.5 × 7.5cm 1 枚） 　…箱の大きさに合わせて適宜用意
材料・道具	箱

※写真の箱は直径 17 × 高さ 6.5cm。モチーフの数は箱のサイズに合わせて用意しましょう。

箱の中に、きくとくじゃくそうを、バランスよく、すき間が見えないように並べ入れる。

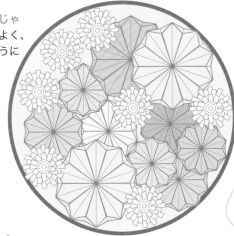

作品の色や大きさは
好みで調整しましょう

花のしおり

仕上がりサイズ：タテ 14.5cm

使うモチーフ	・p.15 ポピー（花びら：5cm 四方 1 枚、花芯：1 × 7.5cm 1 枚）…1 個 ・p.63 ネリネ（5cm 四方 1 枚、ペップ 2 本）…2 個 　（ペップは半分に折って接着剤でとめる） ・p.94 パンジー（5cm 四方 1 枚）…1 個
材料・道具	厚紙（13 × 3cm）、はさみ、接着剤、色鉛筆やペン（なくてもOK）

しおりを本やノートに
はさんだとき、1 の折りすじを少し折れば、
花の部分だけを
手前に出すことができます

1. 厚紙の上から1cmの位置に折りすじをつける。

2. 図のように、角を丸く切る。

3. 折りすじより上に接着剤をぬり、ポピーかパンジーなら 1 個、ネリネなら 2 個つける。

4. 下のスペースに、好みで茎や葉、メッセージをかく。

ハロウィンの
ギフトラッピング

「トリック・オア・トリート♪」子どもたちにハロウィンの
お菓子をあげるとき、こんなユニークなかざりがついてい
ると、さらに盛り上がりそうです。
　作り方は p.116

ハロウィンのギフトラッピング

仕上がりサイズ：タテ 16×ヨコ 9cm（ひもを除く）

使うモチーフ	・p.56 けいとう（15cm 四方 1 枚）…1 個 ・p.60 ベゴニア（10×5cm 1 枚）…3 個 ・p.97 丸いはっぱ（2.5cm 四方 1 枚）…4 枚（葉単体）
材料・道具	おりがみ（15×1.9cm）2 枚、黒い厚紙（直径 8cm）1 枚、ひも、接着剤、マスキングテープ

※黒い厚紙は、黒い空き箱などを使うか、厚紙を黒くぬったり、黒い紙を貼ったりしてもいいでしょう。
　以下の図では、見やすいようにグレーにしています。

1.
おりがみ 2 枚を、じゃばら折りにする。折る幅は好みで OK。

2.
黒い厚紙に、けいとう・ベゴニア・丸いはっぱの順に配置し、接着剤でとめる。

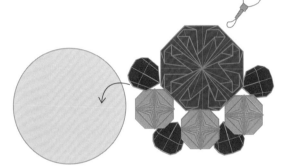

うら
がえす

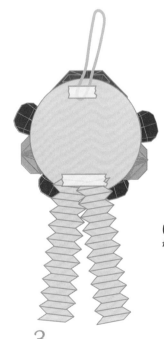

うら
がえす

ギフト袋につけると、ハロウィンらしさがアップします♪

3.
厚紙の上に、輪にしたひもを、下に 1 をマスキングテープで貼る。

千歳飴かざり

七五三のお祝いにいただく千歳飴。
袋に花おりがみで華やかさをプラス
してみました。写真映えもしそうです。

仕上がりサイズ：ダリア7cm大、クリスマスローズ5cm大、はっぱ7cm大

使うモチーフ	・p.52 ダリア（7.5×3.75cm 6枚、5×2.5cm 6枚）…2個 ・p.68 クリスマスローズ（花びら：7.5cm四方 1枚、 　花芯：7.5×1.9cm 1枚）…1個 ・p.97 はっぱ（5cm四方 1枚）…1枚
材料・道具	千歳飴の袋、接着剤

＊写真の袋はタテ44×ヨコ13.5cm。

千歳飴の袋に、クリスマスローズ・ダリア・はっぱをバランスよく配置し、
接着剤でとめる。

カレンダーかざり

年の瀬に用意する翌年のカレンダー。シンプルなものを選んで、好みの花おりがみでかざってみましょう。季節で着せかえしてもいいですね。

仕上がりサイズ：きんぽうげ〈大〉4cm 大、〈小〉3.5cm 大、ネリネとかすみそうのブーケ長さ 8cm	
使うモチーフ	・p.22 きんぽうげ〈大〉（6cm 四方 1 枚）…1個　〈小〉（5cm 四方 1 枚）…2 個 ・p.63 ネリネ 　（5cm 四方 1 枚、ペップ 1 本、地巻ワイヤー〈♯ 28〉8cm 1 本）…3本（単体） ・p.86 かすみそう（3cm 四方 1 枚、地巻きワイヤー〈♯ 28〉8cm 1 本）…3本（単体）
材料・道具	カレンダー、リボン、両面テープまたは接着剤

＊写真のカレンダーは 21×15cm。カレンダーのサイズや余白に合わせて、モチーフのサイズや数を調整しましょう。

1.
ネリネとかすみそうを 3 本ずつ束ねてワイヤーをねじり合わせ、リボンで結ぶ。

2.
カレンダーの余白に、1 ときんぽうげをバランスよく配置し、両面テープか接着剤でとめる。

クリスマスオーナメント

クレマチスをアレンジしたり、ポインセチアの
色をかえたりして、星や雪の結晶に見立てまし
た。オーナメントとしてツリーにかざるほか、
贈り物の袋や箱につけるのもおすすめ。

＊作り方は p.121

正月かざり

つばきとうめ、小菊に見立てたくじゃくそう
を、正月のテーブルセッティングに添えまし
た。新年を祝う雰囲気が演出できます。
※作り方は p.121

クリスマスオーナメント

仕上がりサイズ：クレマチス〈大〉12cm 大、〈小〉8cm 大、ポインセチア 8.5cm 大

使うモチーフ	・p.34 クレマチス〈大〉（7.5cm 四方・5cm 四方 各6枚）…1個 　〈小〉（5cm 四方 6枚）…1個 ・p.72 ポインセチア（7.5cm 四方 白1枚・金2枚、3.75cm 四方 白4枚）…1個
材料・道具	ひも、マスキングテープ、接着剤

クレマチスを
アレンジして
星形にしました

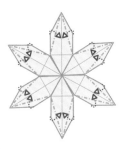  

1. クレマチスを手順10まで作り、花びらの左右の角を向こう側へ折る。

2. クレマチス〈大〉は、5cm四方で作ったものを上に重ね、接着剤でとめる。

3. それぞれの裏に、ひもをマスキングテープでつける。

正月かざり

仕上がりサイズ：くじゃくそう 3.5cm 大、うめ 3cm 大、つばき 5cm 大

使うモチーフ	・p.54 くじゃくそう（花びら：5×15cm 1枚、花芯：2.5×7.5cm 1枚）…適宜 ・p.79 うめ（花びら：5cm 四方 1枚、花芯：2×0.7cm 1枚）…適宜 ・p.82 つばき（花びら：5cm 四方 5枚、花芯：5×15cm 1枚）…適宜
材料・道具	なし

テーブルセッティングしたところに、くじゃくそう・うめ・つばきをバランスよくかざる。

うめをつけた
はし袋（→ p.103）も
あると、お祝い感アップ！

バレンタインの
ギフトラッピング

チョコレートのギフトボックスに花おりがみをつけると、
気持ちがもっと伝わる気がします。

仕上がりサイズ：クリスマスローズ 5cm 大、プリムラ 5cm 大、ばら 5cm 大

使うモチーフ	・p.68 クリスマスローズ （花びら：7.5cm 四方 1 枚、花芯：7.5×1.9cm 1 枚）…適宜 ・p.76 プリムラ（花びら：3cm 四方 5 枚、 模様〈花びらの中央部分〉：1.5cm 四方 5 枚）…適宜 ・p.88 ばら（9cm 四方 1 枚）…適宜
材料・道具	箱、リボン、マスキングテープ（なくても OK）、接着剤または両面テープ

＊写真の箱はタテ 9.5×ヨコ 15×高さ 3cm。モチーフのサイズや個数は箱の大きさによって調整を。

箱にリボンを巻き、結ぶかマス
キングテープなどでとめて、ク
リスマスローズ・プリムラ・ば
らを好みで配置し、接着剤か両
面テープでとめる。

花のメッセージカード

花かごを開くとメッセージが！ かわいいだけ
でなくサプライズ感のあるカードは、もらった
人のうれしさが倍増しそうです。

→作り方は p.124

花のメッセージカード

仕上がりサイズ：タテ 15×ヨコ 11cm

使うモチーフ	【パンジーのカード】 ・p.94 パンジー 〈大〉（7.5cm 四方 1 枚）…1 個　〈小〉（5cm 四方 1 枚）…2 個 ・p.28 ライラック（5cm 四方 1 枚）…2 個 【インパチェンスのカード】 ・p.32 インパチェンス〈大〉（7.5cm 四方 1 枚）…1 個 　〈中〉（5cm 四方 1 枚）…1 個　〈小〉（3.75cm 四方 1 枚）…2 個 ・p.28 ライラック（3.75cm 四方 1 枚）…2 個
材料・道具 （1 つあたり）	おりがみ（土台用、15cm 四方）1 枚、リボン、接着剤、色鉛筆やペン、 マスキングテープ（なくても OK）

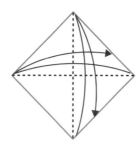

1. 土台用のおりがみに、タテ・ヨコに折りすじをつける。

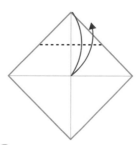

2. 上の角を真ん中に合わせて、折りすじをつける。

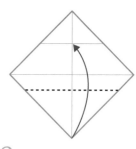

3. 下の角を、2 の折りすじに合わせて折る。

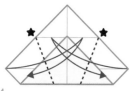

4. ★を基点にして、左右の角を 2 の折りすじに合わせて折りすじをつける。

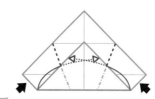

5. 4 の折りすじで、左右の角を中へ折り込む。

折り込んでいるところ

6. いったん広げる。

真ん中にメッセージなどをかきましょう

リボンは後ろ側でマスキングテープでとめても OK

2 の折りすじから少しだけはみ出ても OK

7. 上のほうにモチーフをバランスよく配置し、接着剤でとめて、6 の形に戻す。

8. リボンで結ぶ。

フラワーブーケ

花おりがみを束ねてブーケにしてみました。まるで本物の花のように見える出来栄えです。贈る相手を思いながら、花を選ぶのも楽しい!

＊作り方は p.126〜127

フラワーブーケ

仕上がりサイズ：スイートピーのブーケ 13×11cm、ひまわりのブーケ 18×12cm

使うモチーフ	【スイートピーのブーケ】 ・p.24 スイートピー（5cm 四方 4 枚、地巻ワイヤー〈♯ 28〉18cm 4 本）…2 本 ・p.86 かすみそう（3cm 四方 1 枚、地巻ワイヤー〈♯ 28〉18cm 1 本）…6 本（単体） ・p.97 ハートのはっぱ 　（5×2.5cm 2 枚、3.75×1.9cm 3 枚、地巻ワイヤー〈♯ 28〉18cm 1 本）…2 本 【ひまわりのブーケ】 ・p.32 インパチェンス（5cm 四方 1 枚）…2 個 ・p.44 ひまわり（花びら：7.5cm 四方 4 枚、花芯：7.5cm 四方 1 枚）…1 個 ・p.63 ネリネ（5cm 四方 6 枚、ペップ12 本、地巻ワイヤー〈♯ 28〉18cm 6 本）…1 本 ・p.97 丸いはっぱ（3cm 四方 3 枚、地巻ワイヤー〈♯ 28〉18cm 3 本）…3 本
材料・道具	ひまわり・インパチェンス用の地巻ワイヤー〈♯ 28〉18cm 3 本、 ラッピング用紙、リボン、接着剤、マスキングテープ

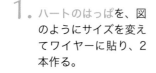 **スイートピーのブーケ**

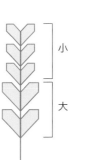

1. ハートのはっぱを、図のようにサイズを変えてワイヤーに貼り、2本作る。

2. スイートピーは色違いで 2 本作る。

3. かすみそうは、6 本を1 束にして作る。

4. 1〜3をバランスよく束ねて、ワイヤーをねじってとめる。

長すぎるワイヤーは、切るか曲げます

5. ラッピング用紙で包み、リボンを結ぶ。

ひまわりのブーケ

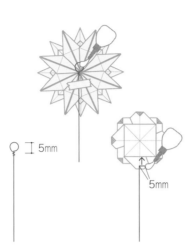

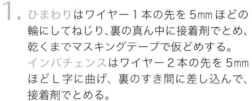

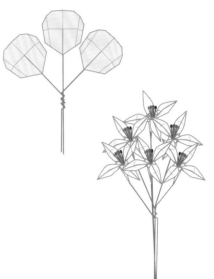

1. ひまわりはワイヤー1本の先を5mmほどの輪にしてねじり、裏の真ん中に接着剤でとめ、乾くまでマスキングテープで仮どめする。インパチェンスはワイヤー2本の先を5mmほどL字に曲げ、裏のすき間に差し込んで、接着剤でとめる。

2. 丸いはっぱは3枚セットを3本、ネリネは6個の花を1本にまとめて作る。

長すぎるワイヤーは、切るか曲げます

3. 1〜2をバランスよく束ねて、ワイヤーをねじってとめる。

4. ラッピング用紙で包み、リボンを結ぶ。

たかはしなな

ペーパークラフト作家、イラストレーター。出版関連
以外にも、広告、キャラクター制作、ワークショッ
プ、イベントの企画など幅広く活動。『nanahoshiの
大人かわいいおりがみ』『nanahoshiの旅するおりがみ
Europe』『nanahoshi の季節を楽しむ歳時記おりがみ』
（すべて主婦の友社）、『nanahoshiのお祝いおりがみ』
（誠文堂新光社）、『どうぶつおりがみ』シリーズ（理論
社）など著書多数。「nanahoshi（ななほし）」は屋号。

たかはしななイラストレーションサイト
https://nanahoshi.com/

Instagram
@_nanahoshi_

〈本書の作品に使用した紙の主な購入先〉
・森田和紙
　https://www.wagami.jp/
・Adeline klam
　https://adelineklam.com/
・PAPERIE TOKYO
　https://www.paperietokyo.com/

〈参考文献〉
『新装版 誕生花と幸せの花言葉 366 日』監修：徳島康之（主婦の友社）
『新版 持ち歩き 花屋さんの花図鑑』監修：井越和子（主婦の友社）
『ちいさな花言葉・花図鑑』監修：宇田川佳子（ユーキャン）
『ちいさな花言葉・花図鑑　野の花 道の花編』植物監修：佐々木知幸（ユーキャン）

ブックデザイン	横田洋子　光永 郁
撮影・動画制作	佐山裕子（主婦の友社）
折り図作成	たかはしなな
スタイリング	ダンノマリコ
校正	北原千鶴子
編集	山田 桂
編集担当	松本可絵（主婦の友社）

nanahoshiの大人かわいい花おりがみ

2024 年 3 月 31 日　第 1 刷発行
2024 年 12 月 20 日　第 4 刷発行

著　者　たかはしなな
発行者　大宮敏靖
発行所　株式会社主婦の友社
　　　　〒 141-0021
　　　　東京都品川区上大崎 3-1-1 目黒セントラルスクエア
　　　　電話 03-5280-7537（内容・不良品等のお問い合わせ）
　　　　　　　049-259-1236（販売）
印刷所　大日本印刷株式会社

© Nana Takahashi 2024 Printed in Japan　ISBN978-4-07-456355-5